Le soleil pleure aussi parfois,

SOMMAIRE

2	Ce que je vis aujourd'hui
6	Tu as à ta disposition l'écriture
8	Se comprendre à travers nos comportements et notre personnalité
10	Je voudrais changer, mais je n'y arrive pas
11	Les différents troubles alimentaires
15	Symptômes d'une mauvaise relation à la nourriture
17	Mon corps, les normes et les attentes
19	Je suis une part de ce monde, à part de ce monde
21	C'est dans la sensibilité que réside notre plus grande force
22	Tout le monde me dit d'être forte, mais personne ne sait à quel point je souffre.
23	Comment gérer mes émotions ?
25	Les symptômes des différents troubles
28	Nous ne sommes pas égaux face à la nourriture
29	Tu dois apprendre à connaître tes spécificités
31	La bonne quantité de nourriture pour quelqu'un ne sera pas la bonne quantité pour toi.
33	La pleine conscience alimentaire
34	Conseils pour pratiquer de la pleine conscience alimentaire
36	Comprendre mes émotions à travers mes envies
38	Ces moments de douleur que l'on ne montre pas
39	Je ne vis pas, je survis
40	Le TTT"(Trauma Tapping Technique) est un outil très utile pour passer du "mode survie" au "mode vie"
42	Le mythe du contrôle sur le corps
47	Peu importe les difficultés que tu traverses en ce moment, la solution ne se trouve pas dans le contrôle de ton corps, de ton poids ou de ton alimentation.
51	Je me sentirais tellement mieux si tout était parfait
52	Je l'aimais tellement, que j'ai voulu maigrir pour être jolie à ses yeux
55	Je ne sais pas quoi, mais quelque chose me pousse à agir malgré moi
56	Découvre tes propres "objectifs de survie" pour te libérer de tes comportements automatiques
60	Arrête de survivre, et commence à vivre
61	Les moments stressants peuvent chambouler nos habitudes alimentaires, et nos relations familiales
62	Je souris, je fais de mon mieux, mon cœur pleure, pas mes yeux
63	Je ne veux plus être victime de mes comportements
64	Le cercle vicieux des TCa
65	Remplacer la culpabilité par la satisfaction pour inverser ma courbe de poids
67	J'ai besoin de remplir un vide en moi
70	Au moment où j'avais réussi à trouver toutes les réponses, toutes les questions ont changé
72	J'aimerais me comprendre pour devenir mon propre soutien
73	Les personnages qui cohabitent en toi
	Tous ces personnages vivent en toi, ils se succèdent les uns après les autres, au rythme de ton énergie
	Tes pensées ne sont que le reflet de ce que tu es en train de vivre dans ton corps
76	Je me sens coupable de ne pas être parfaite, j'ai honte de mon corps
79	Je pense que mon poids détermine ma valeur
80	Je me sens observée et jugée

SOMMAIRE

82	Quelles sont tes qualités ?
87	Je n'arrive pas à penser autrement
88	Changements de croyances
93	Affirmations pour créer ma nouvelle réalité en mode "Vie"
96	Dans ton désir de changer, ne sois pas trop dure et exigeante envers toi-même
97	J'essaie de toutes mes forces, mais je n'y arrive pas, alors que pour les autres ça semble facile
102	Tu ne peux pas toujours contrôler ce qui se passe mais tu peux contrôler la façon dont tu y réagis
103	Mes affirmations pour bien commencer ma journée
104	L'anxiété qui se cache derrière nos assiettes
106	Je mange mes émotions
108	Se libérer du dilemme de Faim
113	Mon passé me fait souffrir, mon futur me terrifie et mon présent est une prison
118	Ce que les personnes ne souffrant pas de troubles alimentaires ne comprendront jamais
119	L'insécurité en toi ou autour de toi existera toujours mais tu peux l'apprivoiser
120	Accepter que la peur fasse partie de la vie, pour ne plus vivre dans la peur permanente de souffrir
122	Je suis consciente de ce qui se passe en moi et je peux répondre à mes besoins
123	Reconnaître mes états d'insécurité et répondre à mes besoins réels
126	Qu'est-ce qui se passe en moi ?
129	Je respire et je me sens mieux
130	La pratique de la cohérence cardiaque est simple
131	Les origines de mes troubles alimentaires
133	Les signes d'une mauvaise estime de soi
136	Créer une barrière entre toi et les critiques
146	Dès que je mange davantage, je panique
147	Les comportements à éviter...
149	C'est difficile, tu sais, de se battre avec quelque chose dont tu as honte
150	Si tu choisis de te battre pour guérir, tu ne le regretteras pas. C'est difficile, mais ça en vaut la peine
151	Le chemin de la survie à la vie
152	Tu n'as pas besoin de mériter de manger, manger est plus qu'un droit, c'est un besoin vital
154	Maigrir, mais pas à n'importe quel prix
155	Le chemin du poids bonheur
156	Libère-toi du poids des mots
159	Quand mes comportements alimentaires s'invitent dans mon couple
160	Tu peux décider de couper les liens négatifs avec la nourriture (seulement les liens négatifs)
163	Ce que j'aurais aimé entendre bien avant...
164	Quelques conseils à suivre pour apprendre à t'aimer
166	J'observe mes pensées quotidiennes
171	Remplis ce petit mémo pour te souvenir de ce qui te fait du bien quand tes pensées négatives t'éloignent de tes besoins
172	Carnet de Gratitude
173	EXERCICES DE YOGA : 7 minutes pour se détendre
174	30 jours pour retrouver confiance en toi
176	Prends conscience de ton parcours...

T'engages-tu à faire tout ton possible pour t'aider ?

☐	☐
OUI	**NON**

Ce que je vis aujourd'hui

Ces questions vont te permettre de faire un point sur ce que tu vis actuellement. En relisant plus tard tes réponses, tu pourras te rendre compte de ton évolution à la fin de ce livre.

Quel est ton état émotionnel général en ce moment ?

....
....
....
....
....

Peux-tu identifier les déclencheurs ou les causes possibles que tu penses être à l'origine de tes troubles ou de ton mal-être ?

....
....
....
....
....

Quelles sont les principales pensées négatives qui te viennent à l'esprit régulièrement ?

....
....
....
....
....

Comment envisages-tu ta vie, après avoir surmonté les difficultés dans ta relation avec la nourriture ?

....
....
....
....
....
....

Sur une échelle de 1 à 10, à quel point es-tu motivée à apporter des changements positifs dans ta vie ?

10 ☐
9 ☐
8 ☐
7 ☐
6 ☐
5 ☐
4 ☐
3 ☐
2 ☐
1 ☐

As-tu déjà essayé des méthodes pour gérer ton mal-être et tes comportements alimentaires ? Si oui, lesquelles ? En quoi cela t'a-t-il aidé ?

....
....
....
....
....

En quoi ces accompagnements, de ton point de vue, n'ont-ils pas été suffisants ?

....
....
....
....
....
....

Aujourd'hui quel est ton principal objectif ?

....
....
....
....

Qu'est-ce que tu espères trouver précisément, comme aide dans ce livre pour atteindre cet objectif ?

....
....
....
....
....
....
....
....

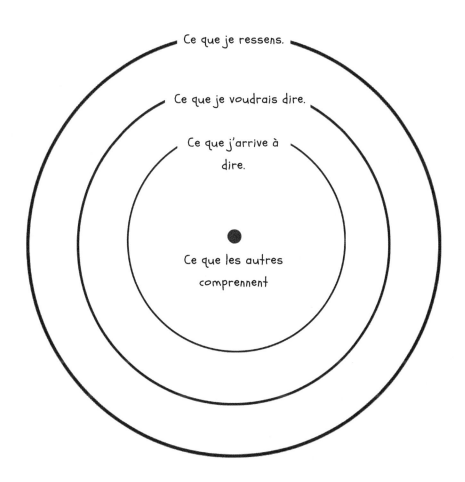

"Tu as à ta disposition l'écriture"

L'écriture offre un espace sûr qui permet d'explorer en toute sécurité ses pensées les plus profondes, ses émotions et ses expériences les plus difficiles. Elle permet d'apprendre à se connaître, à se comprendre et de prendre soin de la partie de nous qu'habituellement, on préfère ignorer.

Elle permet de se dire librement des choses importantes sans crainte d'être jugé par les autres, mais surtout, sans se juger soi-même. Dans la vie quotidienne nous nous jugeons souvent bien plus durement que ce que les autres nous jugent.

Écrire permet de prendre du temps pour soi, et de se recentrer en créant un environnement rassurant permettant d'être bienveillant envers soi-même.

Quand on réfléchit à ce qui nous fait du mal, nos émotions révèlent tout à coup à notre conscience, nos motivations profondes pour agir ou ne pas agir, nos peurs et nos besoins. On apprend comment nos pensées suivent des schémas habituels qui mènent à des comportements qu'on ne contrôle pas toujours, et qui peuvent être involontaires et destructeurs.

Rappelle-toi, que ce soit à travers un journal, des lettres écrites à toi-même ou aux autres, l'écriture est un outil qui t'accompagne vers ta libération et ton bien-être. Ce livre va t'offrir un espace pour que tu puisses écrire, en allant à ta rencontre pour t'aider et t'encourager à vivre le meilleur.

J'écris
    parfois,
je pense
    tout le temps

"Se comprendre à travers nos comportements et notre personnalité"

À notre naissance, nos réponses aux sensations agréables ou désagréables sont instinctives, et nous vivons nos émotions et nos comportements sans contrôle ni jugement. Cependant, avec le temps, nous perdons cette spontanéité. En grandissant, nous établissons des liens entre nos comportements, nos émotions et les réactions des autres, ainsi que les résultats obtenus. Rapidement, notre mental prend le contrôle et nous pousse à jouer un rôle pour être acceptés et aimés, car c'est pour nous un besoin vital. Ce "masque" devient une protection. Nous passons alors notre vie à chercher le bien-être et à éviter la douleur, ce qui nous amène à développer des habitudes et des comportements automatiques. Pour nous protéger, nous construisons des croyances qui influencent toute notre vie à travers nos pensées, nos émotions et nos actions.

Nous sommes donc limités par nos schémas de pensées et nos comportements automatiques influencés par notre passé et inscrits dans notre corps, car celui-ci a pour mission d'assurer notre survie. Mais en comprenant notre propre fonctionnement, nous pouvons retrouver suffisamment d'estime et de confiance en soi pour briser ces schémas et reprendre le contrôle de nos actions et donc de notre vie.

Rappelle-toi Rappelle-toi que tu vis ta vie, souvent sans en avoir conscience, à travers des perceptions et des croyances qui t'enferment dans tes schémas de pensées et de comportements, qui sont en réalité des mécanismes de survie. Ce fonctionnement est organisé et programmé par ton corps lui-même, à travers le système nerveux. La connaissance de toi-même et de l'origine de tes pensées, de tes émotions et de tes réactions va te permettre de sortir de ces mécanismes automatiques afin de ne plus subir tes comportements compulsifs et incontrôlables, pour retrouver la sérénité et la joie.

Penser à ce qu'on
mange, tout le temps.

Se comparer.

"Manger ses émotions"

Refuser certaines
invitations.

Donner l'impression
qu'on gère la situation.

"Demain j'arrête,
je reprends le contrôle"

Culpabiliser après une crise.

*" Je voudrais changer,
mais je n'y arrive pas. "*

Éprouver un sentiment d'impuissance en étant incapable de lutter contre ses propres comportements est une réaction normale quand on vit en insécurité à l'intérieur de soi. Cela arrive à tout le monde, même aux personnes que tu admires le plus. Parfois, on se sent tellement mal, qu'on est incapable de décider ou d'agir, car on est poussé par une force plus grande, invisible qui prend le contrôle. Cette insécurité ressentie au plus profond de soi se nourrit de nos blessures et de nos peurs : ces peurs permanentes qui tournent dans ta tête, peur de ne pas être celle qu'on attend de toi, peur d'être rejetée, abandonnée, peur d'être seule et bien sûr peur de ne pas être aimée... Mais souvent, toutes ces peurs sont inconscientes.

Toutes ces angoisses provoquent, à l'intérieur de soi, un état interne d'insécurité, qui crée un sentiment d'impuissance, de tristesse et parfois même de la honte. Lorsque nous vivons cela, nous pensons : "Je n'y arriverai jamais. C'est trop dur. Je ne suis pas capable de..." Ce sont des réactions tout à fait normales quand notre corps, à travers ton système nerveux, se sent en danger.

Rappelle-toi que tu ne dois pas te sentir désespérée et coupable lorsque tu n'es plus capable de choisir tes comportements alimentaires, de manger ou de t'arrêter de manger, car tu es alors impuissante face à cette force invisible plus forte que ta volonté. Ce sont des moments très difficiles à vivre, mais tu vas découvrir que tu peux aider ton corps à retrouver de l'énergie et de la confiance pour ne plus subir tes pensées négatives, tes émotions désagréables et douloureuses, ainsi que tes comportements inadaptés. Il existe des moyens pour apaiser tes peurs et retrouver ta joie de vivre, ainsi que la liberté de choisir ce que tu veux vraiment, en te débarrassant de ce que tu ne veux plus vivre.

Comprendre les différents troubles et leurs symptômes

Anorexie mentale :

→ Peur intense de prendre du poids ou de devenir grosse.

Restriction excessive de la quantité de nourriture ingérée.

Distorsion de l'image corporelle, percevant souvent son corps comme plus gros qu'il ne l'est en réalité.

Hyperphagie boulimique :

Consommation excessive de nourriture en un court laps de temps, souvent en secret.

Sensation de perte de contrôle pendant les épisodes de suralimentation.

Sentiments de honte, de culpabilité ou de dégoût après les épisodes de suralimentation.

Orthorexie :

Préoccupation obsessionnelle pour la qualité et la pureté des aliments consommés.

Évitement systématique d'aliments jugés "non sains" ou "impurs"

Impact négatif sur la qualité de vie, les relations sociales et le bien-être général.

Boulimie :

Sentiments de honte et de culpabilité extrêmes après les crises.

Alternance de périodes de restriction alimentaire sévère et de crises de boulimie.

Consommation excessive de nourriture en un temps limité, suivie de comportements compensatoires.

Déclencheurs émotionnels ou physiques qui entraînent une perte de contrôle alimentaire. Consommation excessive de nourriture pour apaiser les émotions négatives.

Le cycle se répète de manière cyclique, renforçant le schéma boulimique.

"Je sais que c'est mal.
Je sais que je devrais m'arrêter.
Mais chaque fois que je commence à manger, c'est comme si quelque chose en moi prenait le contrôle et je ne peux plus m'arrêter."

Symptômes d'une mauvaise relation à la nourriture

- [ ] Perte ou prise de poids importante et rapide
- [ ] Se voir "trop grosse" contre l'avis de tous
- [ ] Laisser la nourriture tenir une place dominante dans notre vie
- [ ] Fatigue anormale
- [ ] Contrôle total sur ce qu'on s'autorise à manger
- [ ] Perte de contrôle sur la quantité d'aliments avalés
- [ ] Manger quand on n'a pas faim
- [ ] Manger quand on s'ennuie
- [ ] Manger parce qu'on est déprimé
- [ ] Manger parce qu'on est en colère
- [ ] Manger parce qu'on est stressé
- [ ] Manger parce qu'on se sent coupable
- [ ] Manger pour apaiser ses émotions
- [ ] Manger pour se sentir mieux
- [ ] Contrôler à tout moment son alimentation
- [ ] Contrôler tous les domaines de sa vie
- [ ] Éprouver de la culpabilité en permanence
- [ ] Se lancer des défis
- [ ] Supprimer le plaisir
- [ ] Se couper des autres

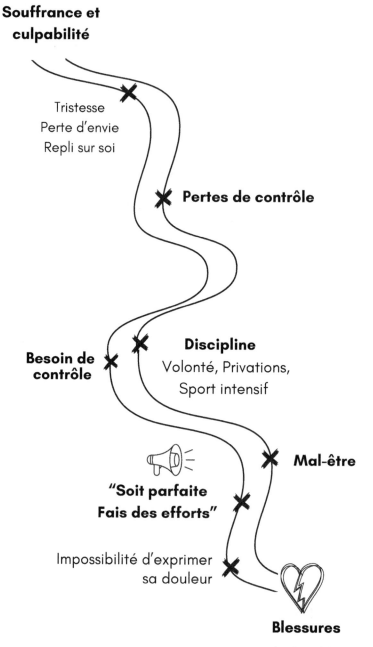

"Mon corps, les normes et les attentes"

Dans le monde d'aujourd'hui, il y a tellement de pression pour correspondre à des normes et des attentes qu'il devient difficile de se sentir à sa place, sans vivre dans le stress permanent du contrôle de soi et de la culpabilité. On se sent jugé en permanence, comme si on était obligé de toujours répondre à ce que la société attend de nous.

En conséquence, on n'est pas soi-même, on s'interdit de respecter nos propres goûts, et on sacrifie notre bien-être parce qu'on se sent poussé à suivre des règles strictes imposées de l'extérieur. Le corps est devenu un objet que l'on doit contrôler et maîtriser parfaitement.

Cette obsession nous coupe totalement de nos propres besoins et de nos ressentis émotionnels.

Mais ce mécanisme repose entièrement sur un mythe qui consiste à croire que l'humain a le pouvoir sur son corps. C'est faux, mais le premier régime nous incite à le croire. Car, en règle générale, la première fois que l'on se restreint, on perd du poids. On a toutes connu le régime avant l'été ou avant une occasion importante qui nous permettait de rentrer dans une robe un peu trop petite. Mais le corps n'oublie rien de ce qu'il vit, et il va retenir chaque expérience et s'adapter, toujours dans le but de nous protéger. Ainsi, il va notamment faire des réserves... Par la suite, le contrôle pour perdre du poids devra devenir de plus en plus strict. Les pertes de contrôle vont elles aussi devenir plus intenses, nous poussant parfois à nous détester d'avoir craqué.

Rappelle-toi que lorsque tu craques, ce n'est jamais de ta faute, car tu ne peux pas gagner en te battant contre ton propre corps. Tu n'es pas responsable de ne pas pouvoir te conformer à des normes impersonnelles et irréalistes qui ne tiennent pas compte de toi, de ta vie, de ton histoire, de ta physiologie, de ton métabolisme, de tes blessures, de tes éventuels déséquilibres hormonaux, de tes habitudes alimentaires, du fonctionnement de ton propre corps et de ses besoins spécifiques

Tu penses
 trop
  à eux,
pour penser
 suffisamment à toi.

"Je suis une part de ce monde, à
part de ce monde."

Quand on est enfant, on vit dans la liberté et l'insouciance. Mais en grandissant, nous apprenons qu'il faut suivre des règles pour être aimé et accepté : sois parfait, sois fort, sois sage, fais plaisir,... On finit par croire qu'on doit être cette personne-là pour avoir de la valeur et être aimé.

Mais parfois, le doute s'installe. On se demande : "Suis-je assez belle, assez mince, assez intéressante, assez intelligente ? Suis-je différente des autres ? Est-ce que j'ai le droit d'être comme je suis ?" On a peur de décevoir, d'être jugé, d'être vu ou, au contraire, d'être invisible.

Toutes ces peurs reposent sur nos croyances. Notre perception de nous-même repose entièrement sur notre estime et notre confiance en nous, mais pas sur des critères objectifs. Et cette relation avec nous-mêmes influence directement nos interactions avec les autres. Pour trouver notre place et être épanoui, il est crucial de nous comprendre vraiment, et de construire nos propres croyances et pensées. Cela nous permettra de vivre en accord avec qui nous sommes réellement, dans toute notre liberté : liberté d'Être et liberté de Faire. Il est essentiel de se rappeler que chacun est unique, et que se comparer ne nous aide pas à découvrir notre vraie valeur ni à renforcer notre confiance en nous.

Rappelle-toi : n'oublie pas que trouver un équilibre entre appartenir à un groupe et rester fidèle à toi-même peut être difficile. Mais tu as le droit d'être authentique et d'être qui tu as envie d'être. Tu es une part importante de ce monde, et tu as le droit de briller, d'oser, de créer, d'aimer, et de croire en toi-même. Tu es venue au monde pour une raison et tu as pour mission d'être unique et différente.

Le plus difficile à accepter, c'est...

Vivre dans une société où être mince est associé à la réussite et à la beauté.

Se comparer aux autres et avoir l'impression de ne pas être à la hauteur...

Entendre tous les jours des réflexions sur notre comportement, ou notre physique.

Être en colère contre les personnes qui ne comprennent pas la souffrance que nous traversons.

*"C'est dans la sensibilité que réside
notre plus grande force "*

"Tu pleures tout le temps pour rien, t'es trop sensible"

Les "hypersensibles" ressentent intensément leurs émotions et celles des autres. On pourrait penser que cette sensibilité les pousse davantage vers des comportements compulsifs et addictifs. Mais, ce n'est pas toujours le cas. Quand on essaie de cacher nos vrais sentiments derrière des "masques" pour nous conformer aux attentes des autres, cela peut conduire à des comportements compulsifs, comme manger pour étouffer nos émotions refoulées. Mais ces comportements ne sont pas directement liés à notre hypersensibilité. Ils sont la conséquence de notre refus d'accepter nos émotions et de répondre à nos propres besoins. Le stress, la honte et la culpabilité que l'on éprouve proviennent de notre tentative de nous conformer à une image qui n'est pas la nôtre, et de nous sentir responsables de choses sur lesquelles nous n'avons aucun contrôle.

À l'inverse, ce que nous pouvons contrôler, c'est notre connexion à notre corps et à nos sensations. C'est en étant à l'écoute de nos besoins émotionnels, relationnels, physiques, physiologiques, énergétiques et nutritionnels que nous trouvons le vrai pouvoir. Pour cela, il est essentiel de ne pas avoir peur de nos émotions et de notre vulnérabilité.

Rappelle-toi que c'est seulement lorsque tu n'as plus peur d'accueillir tes besoins et tes envies qu'ils peuvent s'exprimer librement sans être parasités par la partie "contrôlante" de toi qui te déconnecte des perceptions naturelles de désir, de plaisir, de fatigue, de faim, de satiété et de rassasiement. C'est donc dans la connexion à toi-même et à ta vulnérabilité qu'existe ton vrai pouvoir, et pas dans le contrôle de soi pour te conformer aux normes ou aux désirs et besoins des autres.

" Tout le monde me dit d'être forte,
mais personne ne sait à quel point
je souffre."

Tout le monde est confronté à la souffrance, mais chacun la vit de façon personnelle. Parfois, malgré tous les encouragements à se battre, on manque d'énergie, et on n'a même plus la force d'exprimer notre douleur. Cette difficulté renforce le sentiment d'être incompris, seul et de vivre une douleur invisible pour les autres. Car parfois, on peut avoir besoin de rassembler tout son courage pour seulement arriver à sortir de chez soi, mais personne ne s'en doute. S'isoler des autres peut parfois apparaître comme la seule solution.

La souffrance invisible est une réalité. Être terrifié par la peur de se laisser submerger par ses émotions. Être incapable d'exprimer ce que l'on vit sans s'effondrer. Se sentir coupable d'entraîner dans sa souffrance ceux qu'on aime... Dans ce cas, à défaut de pouvoir se montrer suffisamment fort, se taire peut sembler la seule solution. Mais en réalité, mettre des mots sur ce que l'on vit à l'intérieur de soi et accepter d'être vulnérable est une étape indispensable pour se sentir compris et apaisé.

Rappelle-toi que la vulnérabilité n'est jamais un signe de faiblesse. Au contraire, elle te prouve que tu es capable d'accepter et d'écouter tes émotions pour te comprendre et avancer. Tu ne dois en aucun cas en avoir honte. Ta fragilité peut devenir une force redoutable si tu n'en as plus peur. Tu n'es pas seule et tu n'es pas de trop. Tu ne pourras te sentir comprise et reconnue dans ta douleur que si tu acceptes d'être vulnérable et prête à recevoir le soutien de ceux qui t'aiment et qui s'inquiètent pour toi.

Comment gérer mes émotions en trois étapes ?

1 - Prendre conscience des moments particuliers où l'émotion arrive...

Quand... (par exemple, je note l'événement qui a entraîné un trouble émotionnel et qui m'a conduit à manger, alors que je n'avais pas faim) :

....
....
....
....

2 - Comprendre mes émotions...

J'ai ressenti : (sensations physiques)

....
....
....
....

J'ai exprimé /ou je ne n'ai pas voulu exprimer mon émotion : quelle était cette émotion ? (tristesse, peur, colère, dégout, ...)

....
....
....
....

J'identifie mon besoin : (exemples : Être au calme, être écouté, partager mon ressenti, exprimer ma peur...)

....
....
....
....

3 - Agir et interagir...

Comment je peux remplir ce besoin ? Ce que je peux faire concrètement pour satisfaire mon besoin : (tu pourras revenir sur cette page quand tu le voudras et compléter cette partie au fur et à mesure de tes prises de conscience et des outils que tu auras expérimentés dans le livre.)

....
....
....
....
....
....
....
....
....
....
....
....
....
....
....
....
....
....
....

Les symptômes des différents troubles

Symptômes de l'hyperphagie :

Manger sans pouvoir s'arrêter.
Manger sans avoir faim jusqu'à se sentir mal.
Manger en cachette.
Penser constamment à la nourriture.
Regretter d'avoir autant mangé.

Anorexie :

Manger très peu, se restreindre.
Peur intense de prendre du poids.
Perception altérée de son propre poids ou de sa silhouette, ("Dysmorphophobie" ou "dysmorphie corporelle")
Restriction excessive de la quantité de nourriture consommée qui entraîne une perte de poids significative et potentiellement dangereuse pour la santé.

Boulimie :

Manger énormément, à certains moments de la journée
Comportements de compensation, dans le but de contrôler son poids.

Orthorexie :

Addiction au fait de manger sainement et de faire beaucoup de sport.

"Pourquoi tu ne manges pas ?"

"Chaque soir,

Je m'endors en rêvant d'oublier mes complexes,
Et chaque matin, devant mon miroir,
Ils me sautent aux yeux,
Me rappelant à quel point je me déteste."

"Nous ne sommes pas égaux face à la nourriture"

Nous avons tous remarqué que certaines personnes mangent beaucoup et ne grossissent pas. On constate alors, que nous ne sommes pas tous égaux face à la nourriture. Nous sommes tous différents et notre relation avec la nourriture l'est aussi. Pour certains, la nourriture est simplement perçue comme une source d'énergie agréable et naturelle, sans autres pensées ni préoccupations particulières. Pour d'autres, la relation avec la nourriture peut être complexe et douloureuse, chargée d'émotions et de défis.

Est-ce plus compliqué de maintenir une relation saine avec la nourriture lorsque notre apparence nous fait souffrir et qu'elle ne correspond pas aux normes irréalistes de la société ? Sans aucun doute.
Nous avons même le droit de ressentir un véritable sentiment d'injustice. Et les conseils visant à dire qu'il suffit d'assumer fièrement ses différences et de s'aimer sont sans doute sincères, mais deviennent rapidement des mots aussi insupportables que d'entendre qu'il suffit de manger moins et de faire un peu plus d'exercice pour que tout aille mieux.

Rappelle-toi que tu es unique, et que le chemin que tu dois suivre pour vivre une vie dans laquelle la nourriture n'occupe pas toute la place est lui aussi unique. Mais tu peux être sûre que le contrôle n'en fait pas partie. Toutes tes réactions ont du sens, tu as besoin de les accueillir sans te juger pour ne pas ajouter de la douleur à la douleur. Seul un sentiment de compassion et de paix avec toi-même pourra te soutenir en toutes circonstances. Avant d'arriver à t'aimer, tu dois être bienveillante envers toi-même en acceptant le fait que tu n'es pas responsable d'être comme tu es. En revanche, tu as le pouvoir de t'aider pour ne plus vivre dans la honte et dans la culpabilité en faisant la paix avec toi. Ces deux émotions existent naturellement dans le corps lorsque tu es en état interne d'insécurité. Mais tu as en toi un pouvoir naturel pour ne plus vivre dans cette insécurité permanente de te sentir responsable de ne pas être celle que tu voudrais être. Cet état de confiance et de sécurité est la clé pour être capable de retrouver une bonne relation avec toi et avec la nourriture.

"Tu dois apprendre à connaître tes spécificités"

Une fois que nous avons intégré que nous sommes tous différents, appliquer les mêmes méthodes de perte de poids à tout le monde, telles que réduire les calories et faire plus d'exercice, n'a aucun sens. Ce qui compte vraiment, c'est d'apprendre à connaître et à comprendre notre propre corps afin de lui fournir ce dont il a réellement besoin, quand il en a besoin.

Pour cela, nous devons apprendre à "habiter notre corps", un peu comme nous habitons notre maison. L'idée est d'être pleinement conscient de ce qui se passe à l'intérieur de lui afin de le protéger et de nous y sentir bien. D'abord, il est essentiel d'habiter notre propre "maison", pas celle de quelqu'un d'autre, pas une maison parfaite où nous ne serions pas à l'aise. De plus, pour protéger notre "maison", nous devons être attentifs aux intrus qui y rentrent, en particulier à toutes les injonctions et le normes qui veulent s'imposer à nous de l'extérieur et qui nous empêchent de nous sentir pleinement chez nous. Enfin, dans notre "maison", nous devons être attentifs aux signaux de danger, comme une alarme incendie contre le stress. Elle est très utile en cas de véritable danger, mais très désagréable si elle sonne en permanence pour rien. Donc, pour nous sentir pleinement chez nous en sécurité et en confiance, nous devons habiter pleinement notre corps, comme notre maison, en étant attentifs à tout ce qui s'y passe à l'intérieur et en réglant correctement notre alarme contre le stress.

Rappelle-toi que dans ton corps, c'est la même chose que dans ta maison. Pour t'y sentir bien, tu dois être à l'écoute et observer tes sensations, tes besoins, ton niveau de stress pour savoir s'il est adapté ou envahissant, exactement comme avec une alarme incendie bien ou mal réglée. Cette personne, à l'écoute de ses besoins et de ses sensations pourra manger ce qui lui faut quand il faut, sans aucune culpabilité et sans aucune peur.

J'ai des troubles du comportement alimentaire, bien sûr que...

On m'a déjà fait des remarques
par rapport à ce que je mangeais.

Je me suis déjà restreinte
plusieurs jours pour perdre du poids

À chaque crise,
je me dis que c'est la dernière.

J'ai peur de grossir.

J'ai déjà menti
pour éviter un restaurant

Je culpabilise en fonction
de ce que j'ai mangé.

Quand on me dit que j'ai maigri,
je prends cela pour un compliment.

Je déteste être la personne
qui mange le plus.

Je surveille chaque partie de mon
corps pour voir si j'ai grossi.

> *"La bonne quantité de nourriture pour quelqu'un ne sera pas la bonne quantité pour toi."*

La relation que nous entretenons avec la nourriture est unique et personnelle. Ce que quelqu'un d'autre mange peut ne pas être adapté à tes propres besoins. Chaque corps a ses propres exigences pour bien fonctionner.

Il est crucial de comprendre que notre corps a des besoins spécifiques en matière de nourriture et qu'il est le seul capable de nous dire ce dont il a besoin. Mais pour cela, il est nécessaire de l'écouter attentivement afin d'apprendre à reconnaître et à respecter nos signaux internes. Nos besoins nutritionnels peuvent varier en fonction de divers facteurs, tels que l'âge, le niveau d'activité physique, notre état de santé ou encore nos objectifs personnels. Comparer nos habitudes alimentaires à celles des autres ne sert à rien et aggrave notre culpabilité et notre mal-être.

Lorsqu'on a peur de grossir, il est normal que l'idée de manger selon ses propres besoins nous panique. En plus, le contrôle nous empêche d'être attentifs aux besoins de notre corps, ce qui rend difficile l'écoute des signaux de faim et de satiété. Mais en recréant une relation de confiance avec son corps, on peut à nouveau l'écouter sans appréhension.

Rappelle-toi que ton corps a ses propres besoins. Sois patiente et bienveillante envers toi-même, et continue à avancer vers une vie dans laquelle tu apprends progressivement à respecter tes besoins. La pratique de la pleine conscience alimentaire et les techniques de gestion du stress vont t'aider à reconstruire une relation saine et équilibrée avec la nourriture. Ton corps sera reconnaissant de cette attention bienveillante envers lui et il te rendra ton énergie.

"Comme chaque fleur est unique et a des besoins différents, chaque femme est unique et a des besoins alimentaires différents."

"La Pleine Conscience Alimentaire"

La Pleine Conscience Alimentaire, consiste simplement à être pleinement attentif à chaque bouchée pour apprécier et recréer un lien agréable avec la nourriture. Cela implique d'être conscient de chaque sensation physique, de chaque goût, de chaque odeur et de chaque émotion ressentie pour en profiter pleinement. Cette pratique permet de développer une conscience plus grande de nos habitudes alimentaires, de nos signaux de faim et de satiété, ainsi que de notre relation avec la nourriture. L'objectif est de diminuer les comportements alimentaires impulsifs ou émotionnels, tout en savourant chaque repas.

La pratique de la pleine conscience aide à abandonner les jugements négatifs liés à notre rapport à la nourriture. En se concentrant sur le moment présent et en acceptant les expériences que l'on vit sans jugement, on peut manger en toute sérénité : on peut savourer chaque bouchée, reconnaître les signes de satisfaction et apprécier pleinement ce qu'on mange.

En observant attentivement nos réactions, nous comprenons mieux les déclencheurs de nos comportements alimentaires et nous nous rendons compte qu'ils n'ont parfois rien à voir avec le fait d'avoir faim.

Rappelle-toi que la pratique de la Pleine Conscience Alimentaire peut t'aider à développer une observation plus grande de tes besoins physiques et émotionnels, tout en te permettant de supprimer la culpabilité et la honte en améliorant ta relation avec la nourriture. Cette habitude favorise une meilleure gestion du stress et des émotions, ce qui te permettra de ne plus subir tes comportements compulsifs ou restrictifs.

Conseils pour pratiquer la Pleine Conscience Alimentaire

Prépare-toi : avant de commencer à manger, prends quelques instants pour respirer tranquillement, en étant consciente de ton environnement (Est-ce bruyant, silencieux…?), de ton état d'esprit et de ton niveau de faim. Si possible, privilégie un endroit calme et sans distractions.

Observe les aliments : prends ton temps pour observer la nourriture : sa couleur, sa texture, son odeur. Ressens la température et les sensations au contact de la nourriture. Essaye de remarquer tous les détails. Selon les aliments tu pourras apprécier avec tes yeux et avec ton nez avant même de manger, ce qui augmente la satisfaction.

Mange lentement : prends l'habitude de manger par petites bouchées et de mâcher lentement pour porter une attention particulière à la texture et au goût. Essaye de savourer pleinement pour prolonger le plaisir le plus longtemps possible. Prends conscience de la façon dont ton corps réagit à chaque bouchée.

Écoute les signaux de satiété : pendant que tu manges, prends conscience des signaux que ton corps envoie. Tu peux alors t'arrêter de manger lorsque tu commences à te sentir satisfaite et rassasiée, même si tu n'as pas fini ton assiette. Tu vas apprendre à reconnaître la différence entre la faim physique et la « faim » émotionnelle. Après ton repas, tu pourras te demander : Comment je me sens physiquement et émotionnellement ? Quelles leçons puis-je tirer de cette expérience pour mes prochains repas, peu importe que tu aies réussi ou non à être pleinement consciente.

Rappelle-toi qu'être présente dans ton corps et attentive à ce que tu ressens pendant que tu manges va t'aider à rester en lien avec toi-même. Même si ton esprit vagabonde et que des pensées anxieuses arrivent, tu peux le ramener doucement et avec bienveillance à ce que tu es en train de faire : manger en écoutant ton corps pour répondre à ses besoins et prendre du plaisir. Ces nouvelles habitudes vont mettre du temps à s'installer et c'est tout à fait normal, mais sois patiente et ne te juge pas si tu n'arrives pas toujours à mettre en pratique ces conseils.

J'ai dit à mon corps,

"Soyons amis"

Et il m'a répondu,

"J'ai attendu ça
toute ma vie"

"Comprendre mes émotions à travers mes envies"

 Une envie de... Saumon : **traduit un besoin** d'oméga-3, souvent associé à la tristesse.

 Chocolat noir : Envie de réconfort, de plaisir ou pour soulager son stress, souvent en période de fatigue.

 Épinards : Besoin de fer, surtout chez les femmes en période menstruelle.

 Avocat : Besoin de graisses saines, peut indiquer une carence en lipides ou un désir de satiété.

 Amandes : Besoin de magnésium, souvent en période de stress ou de tension musculaire.

 Oranges : Besoin de vitamine C, peut indiquer un système immunitaire affaibli ou une fatigue générale.

 Yaourt : Besoin de probiotiques, peut indiquer un désir de soutien digestif ou une perturbation de la flore intestinale.

 Patates douces : Besoin de glucides, souvent en période de faim intense ou de désir de confort.

 Graines de chia : Besoin d'oméga-3 et de fibres, peut indiquer un désir de satiété ou de régulation du transit intestinal.

 Aliments riches en glucides (pâtes, pain) : besoin de se sentir rassasié, réconforté ou énergisé.

 Glace : besoin de réconfort ou de se faire plaisir.

 Thé chaud : besoin de se détendre, de se réchauffer ou de se réconforter.

"Le chemin de ma libération"

La nourriture m'obsède

J'apprends à me comprendre.

Je suis bienveillante envers moi-même.

Je fais la paix avec moi-même.

J'écoute mes sensations.

J'écoute mes besoins.

Je n'ai plus peur car même si je ne suis pas parfaite, je peux quand même m'aimer.

La nourriture n'est plus le problème

"Ces moments de douleur que l'on ne montre pas"

Penser reprendre le contrôle sur nos pulsions, et quelques instants plus tard, pleurer et avoir mal.

Avoir l'impression qu'on ne sera plus jamais heureuse.

Vouloir raconter ce que l'on vit, puis se rappeler qu'on ne peut pas comprendre si on ne le vit pas.

Se sentir seule, incomprise.

Culpabiliser de faire des rechutes

Avoir tellement mal dans son corps qu'on ne peut pas le partager.

Imaginer avec tristesse tous les moments importants de la vie qu'on rate

Se dire qu'on finira notre vie seule, car on est un poids pour les autres

Culpabiliser de mentir à ceux qu'on aime

"Je ne vis pas, je survis"

Quand on se sent bien, on a de l'énergie, on fait des projets, on va facilement vers les autres, on accepte leur aide, on trouve des solutions, on agit avec détermination et facilité, on est à l'écoute, motivé, on prend soin de soi, on s'accorde de la valeur, on accepte ce qu'on ne peut pas changer, on a confiance en soi, et aux autres. On se sent à sa place. Dans tous ces moments, on agit en "mode vie", c'est-à-dire qu'on s'adapte en permanence en répondant avec confiance et sécurité à tous les défis.

À l'inverse, quand on se sent mal, on a peur et on pense que pour apaiser cette souffrance, on doit tout contrôler, être parfait, faire semblant, plaire aux autres à tout prix. On se juge et on se compare. On renonce et on se cache car on a peur de se tromper, de ne pas être à la hauteur, peur d'être visible ou invisible, peur de décevoir… mais la plupart du temps, on se déçoit soi-même pour ne pas décevoir les autres. On se sent impuissant, incapable, on perd le contrôle, notre esprit est accaparé par les problèmes. Dans ces situations, notre corps, à travers son système nerveux, réagit en *"mode survie"*. Pour nous protéger, il dépense énormément d'énergie, sans trouver de solutions, et cela peut conduire à l'épuisement total et à la dépression. En réagissant en *"mode survie"* on n'est plus maître de sa vie et on n'est plus libre de ses comportements, car nos peurs consciences ou inconscientes, nos croyances et notre passé dirigent notre vie.

Rappelle-toi que si tu dépenses toute ton énergie en mode "survie", c'est normal que tu en n'aies plus suffisamment pour transformer ta vie, mettre en œuvre tes choix et réaliser tes envies, t'occuper de toi, être à l'écoute de tes besoins, et t'accorder du temps. Le but de ce livre est de t'apprendre à sortir de tes états de survie pour retrouver suffisamment d'énergie vitale afin de te sentir de mieux en mieux et de transformer beaucoup plus facilement tes habitudes et tes comportements, en affrontant tes peurs et en choisissant tes nouvelles croyances.

"Le TTT"(Trauma Tapping Technique) est un outil très utile pour passer du *"mode survie"* au *"mode vie"*

C'est une technique facile à mettre en pratique, qui peut être utilisée pour évacuer ton état d'insécurité, ton stress et tes doutes, en t'aidant à accueillir et à libérer tes émotions. Cette technique, inspirée de la médecine traditionnelle chinoise, est basée sur la stimulation de points spécifiques de ton corps.

Installe-toi confortablement, sans rentrer dans les détails de tes pensées. Visualise les zones de ton corps où tu as des préoccupations. Quelles sensations as-tu (chaleur, froid, picotements, boule dans la gorge...). Puis évalue sur une échelle de 1 à 10 l'intensité de cette sensation.

Ensuite, tu vas simplement tapoter tout doucement les 14 points qui sont identifiés sur le schéma de la page suivante, une quinzaine de fois chacun. Si l'intensité des sensations ne diminue pas après le tapotement des 14 points, tu peux recommencer une deuxième fois.

Rappelle-toi que cette technique peut s'utiliser au moment même où tu te sens mal, ou après, pour te calmer, ou encore avant une situation stressante. Elle peut aussi être utilisée en routine, matin et soir, en posant une intention positive, par exemple : " Je mange quand j'ai faim et je me sens bien ou je mange et je me sens sereine..." En cas de situation d'urgence ou de manque de temps, tapote seulement le point 1 -Sur la tranche de ta main - ou 7 - sous les clavicules - tout en respirant profondément.

Cette technique ne présente pas de dangers particuliers. Elle a été élaborée par des équipes soignantes intervenant auprès de populations ayant été exposées à des traumatismes, pour être pratiquées en toute autonomie. Toutefois, si tu as un problème de santé, demande à ton médecin si tu peux pratiquer le tapping sans danger. Si tu veux en savoir plus : https://www.assotititi.org/

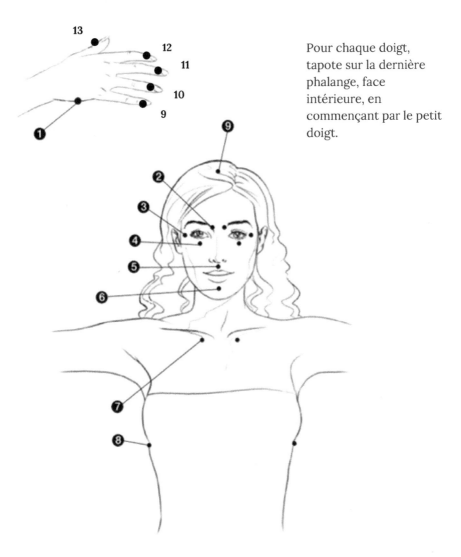

Pour chaque doigt, tapote sur la dernière phalange, face intérieure, en commençant par le petit doigt.

1. Point karaté
2. Entre les sourcils
3. Coin de l'œil
4. Sous l'œil
5. Sous le nez
6. Sous la bouche
7. Sous les clavicules
(Les deux points en même temps)
8. Sous le bras
9. Auriculaire
10. Annulaire
11. Majeur
12. Index
13. Pouce

Tapote les points suivants dans l'ordre, en utilisant 2 ou 3 doigts et en gardant le poignet souple. Observe simplement ce que tu ressens. Tu peux recommencer la ronde si besoin.

"Le mythe du contrôle sur le corps"

La plupart des gens croient qu'ils ont le pouvoir sur leur corps, mais c'est une illusion.

Notre corps est programmé pour survivre. En conséquence, lorsqu'on décide de se priver de nourriture, le corps s'adapte et diminue progressivement notre métabolisme pour nous protéger, nous empêchant ainsi le plus longtemps possible de perdre du poids.

En diminuant son apport calorique et en l'obligeant en même temps à dépenser beaucoup d'énergie par de l'activité physique, on met son corps en insécurité et on le force à s'adapter pour survivre. En se sentant menacé par le manque d'énergie, de nutriments, de minéraux et de vitamines, notre métabolisme, pour résister aussi longtemps qu'il le peut, ralentit et diminue la production d'hormones nécessaires au bon fonctionnement de l'organisme. Notre corps, lorsqu'il est en insécurité est en mode "survie", ce qui va entraîner des comportements réactifs.

On va se sentir irritable, impatient, fatigué, triste, et très vite, on aura le sentiment d'être impuissant et enfermé dans un monde où la nourriture est devenue notre ennemi. Le piège se sera refermé : en voulant contrôler son corps par la nourriture, c'est elle qui prend le contrôle.

Rappelle-toi que tu ne peux pas contrôler ton corps, car sa mission étant de te protéger et de te maintenir en vie, c'est lui qui aura toujours le dernier mot. Mais tu peux te réconcilier avec lui et avec la nourriture, car ton organisme sait maigrir si tu lui fais confiance et si tu respectes ses besoins pour qu'il se sente en sécurité et en bonne santé. Ainsi, tu permettras à ton corps d'atteindre un poids santé dans de bonnes conditions pour que tu puisses enfin te sentir bien et avoir suffisamment d'énergie pour atteindre naturellement tes objectifs de poids ainsi que tous tes objectifs de vie.

"Les restrictions alimentaires activent dans ton corps le mode "survie" et t'empêchent d'atteindre tes objectifs"

Contrôle et Privation

Menaces pour le corps

Ralentissement du métabolisme

Impuissance et découragement

Baisse d'énergie et fatigue physique et mentale

Obsession pour le nourriture, agressivité, impatience, dépression...

"C'est comme si une voix intérieure me murmurait que je ne serai pas satisfaite tant que je n'aurai pas fini tout le paquet.
Même si j'essaie de me retenir, je n'arrive pas à m'arrêter, ça devient une obsession."

Ce que le besoin de contrôle m'a fait faire :

- Me peser après chaque repas,
- Dormir pour ne rien ressentir,
- Trouver ma maigreur jolie,
- Culpabiliser après avoir "trop" mangé,
- Ne plus sortir pour contrôler ce que je mange,
- Faire semblant de ne pas avoir faim pour ne pas manger,
- Être contente quand les autres mangent plus que moi,
- Compter chaque calorie,
- Me convaincre que je n'avais pas faim en me le répétant,
- Avoir des vertiges tout le temps,
- Aimer la sensation du ventre vide.

Tout ce qui vide ton énergie

Essayer d'être parfait(e).

RECHERCHER L'APPROBATION DES AUTRES.

Se comparer.

Essayer de se donner une image qui n'est pas la sienne.

Se juger.

Ne voir que les côtés négatifs.

S'ACCROCHER À NOS ERREURS ET À NOS CERTITUDES.

Vivre dans le passé.

Ne pas tenir compte de nos besoins.

Vouloir impressionner les autres.

Essayer de contrôler chaque situation.

Résister aux changements.

Faire semblant d'aller bien, alors que ce n'est pas le cas.

Se mettre trop de pression.

> *"Peu importe les difficultés que tu traverses en ce moment, la solution ne se trouve pas dans le contrôle de ton corps, de ton poids ou de ton alimentation"*

Lorsque nous traversons des moments difficiles, nous voudrions obtenir un soulagement immédiat pour mettre fin à nos souffrances. Pour cela, nous cherchons toujours la solution dans le contrôle de ce qui nous semble être la cause de notre mal-être et bien souvent nous pensons que c'est notre corps.

Pour mettre en place ce contrôle, nous luttons en nous battant contre nous-mêmes, contre notre propre corps, en lui imposant par la volonté toujours plus de contraintes et de restrictions dans l'espoir de reprendre le contrôle de notre vie. Mais malheureusement, à chaque fois que nous perdons le contrôle, nous n'oublions pas de nous rappeler que nous sommes nuls, trop gros, inintéressants et que nous ne méritons pas d'être appréciés, regardés, aimés... autant de sentiments d'insécurités qui renforcent les menaces perçues par notre système nerveux. Et nous voilà piégées dans nos états internes de survie, entre contrôle et pertes de contrôle.

En voulant contrôler notre corps, nous cherchons le responsable de notre mal-être dans nos imperfections, notre poids, la nourriture, alors que ce ne sont que les conséquences des peurs qui dirigent notre vie.

Rappelle-toi que ta réelle puissance ne se trouve pas dans le contrôle, mais dans ta capacité à accepter de te réconcilier avec toi avec compréhension et bienveillance. Penses-tu vraiment pouvoir motiver quelqu'un en lui retirant son énergie, en le jugeant sans cesse, en lui donnant des ordres et en lui faisant des tas de reproches ? Aurais-tu l'impression de l'encourager ou au contraire de le saboter ? C'est la même chose envers toi. C'est en reconnaissant ta véritable valeur que tu briseras le cycle destructeur de l'auto-critique et du contrôle. C'est en donnant de la sécurité à ton corps et à ta tête que tu surmonteras les défis avec calme et détermination. C'est en affrontant tes peurs et en dépassant tes croyances et tes certitudes du passé que tu pourras lâcher prise et avoir confiance en toi et en ton propre corps.

"Résiste,

résiste,

résiste...

À chaque repas, à chaque pensée, à chaque tentation, à chaque émotion.

Résiste,

résiste,

résiste...

à la voix qui te dit de résister, car dans la lutte réside la privation, dans la privation réside le piège , dans le piège réside la haine.

Résiste,

résiste,

résiste...

Ne résiste plus et un jour, tu seras plus fort que tes démons, plus libre que tes chaînes. Lâche prise, fais-toi confiance et trouve la lumière au bout du tunnel sombre. Aime-toi car tu vaux bien plus que tu ne le crois."

+ tu te restreins

+ tu auras faim

+ tu as faim

+ tu vas manger

Rappelle-toi que lorsque tu contrôles, à un moment ou à un autre, tu vas obligatoirement perdre le contrôle, en permettant ainsi à tous les excès de tes comportements de te submerger...

"La folie, c'est de faire toujours la même chose et de s'attendre à un résultat différent."

Albert Einstein

"Je me sentirais tellement mieux si tout était parfait"

Ce désir de perfection existe aussi dans l'image que nous cherchons à projeter aux autres. Cette quête d'excellence envers nous-mêmes peut nous donner le sentiment d'être dignes d'amour et de reconnaissance mais provoque également beaucoup de souffrance lorsque nous ne sommes pas satisfaits ou que nous perdons le contrôle.

Vouloir tout contrôler pour que tout soit parfait cache en réalité des peurs, notamment celle d'être jugé. Cette recherche permanente de perfection qui nous fait vivre dans le jugement de soi et des autres nous pousse évidemment jusqu'au contrôle de tout, y compris de notre corps et de ses besoins vitaux. Lorsque le contrôle porte sur notre alimentation, on pourrait penser que manger sainement est une décision bénéfique qui n'est pas dangereuse. Mais attention à la manière dont on décide d'appliquer cette décision. Car si aucune exception ou adaptation n'est permise, alors on n'est plus dans la volonté de se faire du bien mais dans une volonté de contrôle qui écrase tout, nie ses propres besoins et conduit inévitablement à la souffrance. Le contrôle est sournois et s'infiltre partout. Il peut s'étendre à d'autres domaines, comme le travail, les études, les relations, les activités physiques...

Rappelle-toi que tout ce que tu t'imposes pour contrôler ta vie ne peut qu'entraîner mal-être, frustration et souffrance, même si à l'origine du contrôle, ton objectif est sincèrement de te sentir mieux. Attention à cette petite voix qui est là pour te pousser à faire "toujours mieux, et toujours plus". Dis-toi que la perfection ne peut pas exister, car sa définition est différente pour chacun. Quelle que soit ta volonté de bien faire, elle ne doit jamais te couper de tes besoins, du plaisir, de la satisfaction et du respect et de l'acceptation de qui tu es vraiment.

"Je l'aimais tellement, que j'ai voulu maigrir pour être jolie à ses yeux"

Dans notre quête de validation, de reconnaissance et d'amour de la part de ceux que nous aimons, le désir de plaire peut nous inciter à agir, et parfois même à modifier notre apparence physique, afin de répondre aux attentes réelles ou supposées de l'autre, dans le but de nous sentir rassurés. Cela révèle non seulement un désir profond d'être aimé, mais aussi un manque d'estime de soi et de confiance en soi, qui est à l'origine de la peur de perdre notre partenaire. Agir pour satisfaire quelqu'un d'autre, uniquement pour apaiser nos peurs et nos doutes, est malheureusement parfois le signe d'une grande vulnérabilité liée à notre dépendance à une relation toxique. Dans une telle relation, l'amour est conditionnel. Nous nous sentons obligés de nous conformer aux normes et aux attentes de l'autre, même si cela peut mettre notre santé et notre bien-être en danger. La pression exercée pour correspondre à un idéal de beauté peut nous pousser à adopter des comportements destructeurs, tels que le jeûne, les régimes draconiens, voire même le recours à des méthodes extrêmes pour perdre du poids rapidement.

Cependant, ce désir de plaire à l'autre pour se sentir constamment rassuré peut entraîner un cercle vicieux où la quête de perfection physique devient insatiable. Même après avoir atteint un poids désiré, la satisfaction est éphémère et nous nous retrouvons piégés dans un cycle sans fin de contrôle excessif. Ce chemin vers la minceur "à tout prix" est l'un des plus dangereux, et peut conduire à des troubles du comportement alimentaire. Il est important de comprendre que notre valeur ne dépend pas du poids ou de l'apparence extérieure. L'amour véritable et sain est celui qui existe au-delà de toutes les conditions de poids et de normes. Dans l'amour vrai, il n'y a aucun jugement et aucun artifice. Nous sommes aimés tels que nous sommes.

Rappelle-toi des dangers que tu cours en oubliant de respecter ton corps et ton bien-être. Il est indispensable pour toi de te donner la priorité et de reconnaître ta propre valeur, peu importe les jugements et les critiques. Si tu crains de décevoir l'autre, souviens-toi que si tu agis pour lui, tu te décevras toujours toi-même. Ton épanouissement et ton bonheur passent par une relation saine et authentique, dans laquelle tu te sens acceptée et soutenue telle que tu es, sans être dévalorisée ni rabaissée.

Je l'aimais tellement, que j'étais prête à tout pour qu'il me trouve jolie, même à changer mon apparence physique"

"Pardon maman,
j'ai perdu ma joie de vivre..."

"Je ne sais pas quoi, mais quelque chose me pousse à agir malgré moi"

Ce qui nous pousse à agir malgré nous, ce sont nos objectifs cachés de "survie" liés à nos peurs profondes et inconscientes. Ils nous empêchent de changer de comportement et d'atteindre nos objectifs conscients. Par exemple "Je veux être mince et pourtant régime après régime, je reprends du poids". Explorer nos motivations secrètes et inconscientes peut nous aider à comprendre les mécanismes de protection de notre propre corps qui contrôlent nos vies.

Par exemple, si l'objectif est de perdre du poids, on va se poser la question : *Pourquoi je veux maigrir ?* (Objectif N°1). La réponse peut être : *"Pour me sentir bien"*. (Objectif N°2). Ensuite on va se demander : *Pourquoi je veux me sentir bien ?* La réponse pourrait être par exemple *"Pour avoir de l'énergie"* (Objectif N°3) Si tu te demandes pourquoi tu veux avoir de l'énergie ? La réponse pourrait être, *"Parce que quand j'ai de l'énergie, j'ai confiance en moi et je me sens à l'aise avec les autres"*. On pourrait continuer l'exercice et se demander pourquoi on veut avoir confiance en nous et être à l'aise avec les autres...

Rappelle-toi que si parfois la méthode des "Pourquoi" peut te paraître absurde, en continuant à te poser la question, tu vas mettre en lumière plusieurs objectifs. Et pour chacun de ces objectifs, tu vas ensuite te demander ce qu'il se passe si tu n'atteins pas ce que tu veux. Par exemple, qu'est ce qui se passe si *"je ne me sens pas bien"* ou encore qu'est ce qui se passe si *"je n'ai pas d'énergie ?"*... Les réponses vont te révéler tes objectifs de survie. Tu vas découvrir que ton corps a enregistré des programmes qui déclenchent une réponse automatique pour t'éviter de vivre ce que tu redoutes au fond de toi et dont tu n'as pas toujours conscience. Cela peut notamment mettre en lumière une peur inconsciente d'être mince par peur du regard des autres, peur de se sentir en insécurité, peur d'être vu, par peur de ne pas savoir dire non...

"Découvre tes propres "objectifs de survie" pour te libérer de tes comportements automatiques"

Explore tes objectifs de vie pour, mettre en lumière les objectifs inconscients de survie qui dictent ta vie.

Quel est ton ton principal objectif ?   <u>Objectif N°1</u>

....

POURQUOI je veux ....;......
(Reprendre objectif N°1) ?

. . . .
. . . .   <u>Objectif N°2</u>
. . . .   ➡ ....

POURQUOI Je..
(Reprendre objectif N°2) ?

. . . .
. . . .   <u>Objectif N°3</u>
. . . .   ➡ ....

POURQUOI Je..
(Reprendre objectif N°3) ?

. . . .
. . . .   <u>Objectif N°4</u>
. . . .   ➡ ....

POURQUOI je..
(Reprendre objectif N°4)

. . . .
. . . .   <u>Objectif N°5</u>
. . . .   ➡ ....

POURQUOI je ....
(Reprendre objectif N°5) ?

Maintenant que les questions des "pourquoi" t'ont permis de déterminer tes objectifs conscients, tu vas te demander " *Que se passe-t-il, si je n'atteins pas mes objectif ?* "

Dans cette deuxième partie de l'exercice, tu vas te demander : *Comment je me sens si je n'arrive pas à..............* en reprenant chaque réponse obtenue pour chaque objectif de la première série des "Pourquoi ?" Tu vas découvrir tes objectifs de "Survie" pour apprendre à les reconnaître au quotidien et ne plus les subir.

Objectifs de Survie

Exemple
Comment tu te sentirais si tu
n'arrivais pas à atteindre ton objectif N° 1 ?

. . . .
. . . .
. . . .

Comment tu te sentirais si tu
n'arrivais pas à atteindre ton objectif N° 2 ?

. . . .
. . . .
. . . .

Comment tu te sentirais si tu
n'arrivais pas à atteindre ton objectif N° 3 ?

. . . .
. . . .
. . . .

Comment tu te sentirais si tu
n'arrivais pas à atteindre ton objectif N° 4 ?

. . . .
. . . .
. . . .

Comment tu te sentirais si tu
n'arrivais pas à atteindre ton objectif N° 5 ?

. . . .
. . . .
. . . .

Parmi les objectifs de survie que tu as découverts, lequel provoque à cet instant la réaction la plus intense en toi ?
(Prends le temps de les relire calmement et observe ce qui se passe dans ton corps, tes sensations...)

. . . .
. . . .
. . . .
. . . .
. . . .
. . . . ; . . .

Est-ce que dans le passé, tu as déjà vécu ces mêmes sensations ? Si oui, dans quelles circonstances ?

. . . .
. . . .
. . . .
. . . .

Qu'est-ce que tu avais pensé, à ce moment-là ? Quelle histoire t'étais-tu racontée ?

. . . .
. . . .
. . . .
. . . .
. . . .
. . . .
. . . .
. . . .

Quelles émotions as-tu ressenties ou as-tu évité de ressentir ?

. . . .
. . . .
. . . .
. . . .
. . . .
. . . .

Quel a été ton comportement à ce moment-là ? Par exemple, tu t'es battue contre toi-même ou contre les événements ? Tu as fui ou tu as essayé de fuir pour ne plus vivre ces sensations ? Tu t'es figée sans pouvoir réagir dans le silence, les excuses, la honte, la culpabilité... ?

. . . .
. . . .
. . . .
. . . .
. . . .
. . . .
. . . .

Comment aurais-tu aimé réagir, si tu avais eu le choix ?

. . . .
. . . .
. . . .
. . . .

"Arrête de survivre, et commence à vivre"

Les réponses automatiques de survie sont déclenchées par des peurs conscientes ou inconscientes (la peur de ne pas être une bonne personne, la peur d'être agressé, la peur d'être vu, la peur de s'autoriser à être heureux...) ou par des besoins insatisfaits, comme le besoin de partager, de se sentir écouté, de s'exprimer, d'éprouver du plaisir, de se sentir aimé et accepté...

Mais au moment où le trouble émotionnel est ressenti, la cause est souvent inconsciente et non identifiée. Dans notre quotidien, nous prenons l'habitude de répondre à nos émotions refoulées par les mêmes schémas de pensées et de comportements. Ce mécanisme automatique a pour but de nous soulager d'une pression émotionnelle trop forte sans avoir conscience de ce qui se passe à l'intérieur de nous. Par exemple, ne pas vouloir vivre le rejet, la déception, ou encore la tristesse, peuvent être des objectifs de survie qui créent en toi inconsciemment un inconfort émotionnel, auquel tu réponds par un comportement compulsif et inadapté à la situation que tu es en train de vivre.

Ces comportements sont automatiques car il y a dans ton système nerveux, un mécanisme de surveillance avec des capteurs qui perçoivent en permanence les dangers auxquels tu es potentiellement exposé. Lorsque ta survie réelle ou psychologique est en jeu, les signaux de menace s'activent pour déclencher une réaction afin de t'éviter de ressentir de la souffrance. Ton propre corps déclenche donc un comportement automatique qui peut être en lien avec la nourriture s'il a enregistré dans ses programmes de survie, l'expérience que manger ou ne pas manger t'apaisait...

Rappelle-toi qu'être conscient de tes objectifs de survie va t'éclairer et te permettre de reconnaître de plus en plus facilement au quotidien l'origine de ton inconfort émotionnel pour t'apporter les vraies réponses : celles qui sont adaptées à la situation et qui vont te permettre de ne plus avoir peur de ressentir ce que tu redoutes. Tu n'auras plus besoin de répondre à tes troubles émotionnels par des comportements en lien avec la nourriture qui aggravent ton mal-être et renforcent ta culpabilité.

"La nourriture est présente à chaque instant de ma vie,

Elle est celle qui m'écoute quand je me sens ignorée
Elle est celle qui m'apaise quand je suis angoissée
Elle est celle qui me console quand je suis triste
Elle est celle qui me soigne quand je suis blessée
Elle est celle qui m'occupe quand je m'ennuie
Elle est celle qui m'accueille quand je me sens rejetée
Elle est celle qui m'accompagne quand je me sens seule
Elle est celle qui me tient compagnie quand je me sens abandonnée
Elle est celle qui est toujours là quand je me sens trahie
Elle est celle qui est douce quand je me sens humiliée
Elle est celle qui répare quand je suis victime

Mais elle est aussi celle qui m'emprisonne quand je veux être libre."

> "Les moments stressants peuvent chambouler nos habitudes alimentaires, et nos relations familiales"

Dans la vie, les événements traumatisants et les changements importants comme un déménagement, une rupture amoureuse, une agression, ou la perte d'un proche, peuvent laisser des cicatrices sur nos corps et nos esprits. Mais on n'imagine pas toujours que de "simples" réflexions sur notre physique peuvent véritablement constituer un traumatisme et avoir des répercussions sur notre relation avec la nourriture.

En période de stress ou de dépression, notre rapport à la nourriture peut changer de manière brutale et significative. On peut chercher du réconfort dans la nourriture, ou au contraire s'en détourner. Ces réactions peuvent être des moyens de faire face temporairement à ce que nous vivons en procurant un apaisement immédiat. C'est la solution trouvée à un moment donné, mais si ces comportements s'installent dans le temps, ils peuvent conduire à des troubles alimentaires graves, dont on a du mal à guérir et qui aggravent notre mal-être.

Face à cette situation, l'entourage peut avoir des réactions très différentes. Certains comportements alimentaires peuvent être considérés comme de simples caprices, mais aussi être pris très rapidement au sérieux. Dans un cas comme dans l'autre, les parents, les amis, la famille vont vouloir contrôler à leur tour la situation en imposant leurs solutions. Mais il est important de comprendre que leurs réactions sont liées à leurs propres émotions : leurs inquiétudes et leur anxiété peuvent provoquer de la colère, de la tristesse, en passant par la compassion, la culpabilité ou le déni.

Rappelle-toi qu'il est toujours difficile d'accepter la réaction des autres sans se sentir blessé lorsqu'on a l'impression qu'elle est injuste et qu'elle ne tient pas compte de sa souffrance. Mais cette réaction n'est pas dirigée contre toi. C'est seulement l'expression de leur propre douleur. Si tu juges les comportements des autres ou que tu interprètes tout comme dirigé contre toi, tu restes toi aussi en état d'insécurité et tu ne peux pas aller vers eux pour leur permettre de mieux te comprendre. Au contraire, si tu fais preuve de compréhension envers eux, tu te sentiras plus sereine et tu pourras leur partager ce que tu ressens tout en calmant leurs peurs.

*"Je souris, je fais de mon mieux,
mon cœur pleure, pas mes yeux"*

La douleur causée par le manque de compréhension et d'empathie de la part de ceux qu'on aime peut-être très difficile à vivre. Lorsqu'on ne se sent pas entendu et compris dans son mal-être, on peut éprouver de la déception, de la frustration, de la colère, un sentiment d'injustice, mais aussi une très grande tristesse. On peut alors avoir l'impression que nos souffrances sont niées ou minimisées et éprouver un sentiment de solitude et d'isolement.

Se sentir écouté et soutenu est essentiel pour se sentir aimé et connecté aux autres. Si ce besoin n'est pas satisfait, nous nous sentons en grand danger. Le sentiment de rejet et d'abandon peut engendrer une douleur émotionnelle intense.

Rappelle-toi, que pour te sentir en sécurité avec les autres, tu dois d'abord se sentir en sécurité avec toi-même : tu dois donc avant tout, comprendre que la réaction des autres n'est pas dirigée contre toi. On ne peut pas être en empathie et en compassion, lorsque nous sommes stressés ou paniqués. Si les autres ne te comprennent pas, c'est qu'ils sont généralement eux-mêmes en état de "survie" car ils ont peur, peur pour toi mais aussi peur pour eux-mêmes de ne pas être à la hauteur en ne sachant pas comment réagir pour te venir en aide. En activant ton propre état de sécurité, tu peux apprendre à leur transmettre la confiance en soi nécessaire pour accepter la situation et agir de manière adaptée. En te connectant à toi, notamment par des techniques de respiration, tu pourras recréer de bonnes conditions pour vivre des relations saines et nourrissantes, où chacun se sent entendu, soutenu et aimé.

"Je ne veux plus être victime de mes comportements"

Nous avons tous des comportements qui finissent par se retourner contre nous et nous rendent malheureux sans pour autant être capables d'agir différemment. Se mettre en colère envers quelqu'un qu'on aime, puis le regretter ou ne pas se sentir respecté tout en étant incapable de l'exprimer, manger sans pouvoir se contrôler et ressentir de la culpabilité, de la frustration, du découragement, de la tristesse...

Tous ces comportements sont pilotés par notre système nerveux qui a enregistré depuis qu'on est enfant, qu'il était dangereux de ressentir certaines sensations désagréables dans son corps. Lorsque ces situations se présentent, il réagit par des programmes automatiques pour nous protéger. Notre propre corps déclenche des réactions qui deviennent des réflexes pour apporter une réponse immédiate afin de soulager ces troubles émotionnels. Alors comment éviter ces comportements que nous ne comprenons pas toujours et qui provoquent un cercle vicieux en aggravant toujours plus notre mal-être émotionnel ? Nous avons la réponse en nous, dans notre corps et on peut s'entraîner à la mettre en application, pour reprogrammer notre système nerveux afin qu'il ne fasse plus barrage à nos choix de vie.

Rappelle-toi que tu peux refuser d'être victime de tes réactions. Face aux comportements des autres, aux événements de la vie ou à tes ressentis émotionnels, tu peux choisir d'apporter d'autres réponses. Cette autonomie va te donner le pouvoir de transformer ta vie en changeant tes comportements et tes habitudes. Pour y parvenir, tu as besoin de comprendre d'où viennent tes pensées, tes émotions et tes comportements.

Le cercle vicieux des TC@

Déclencheurs émotionnels :
Des événements, des émotions négatives déclenchent le besoin de manger de manière compulsive ou restrictive.

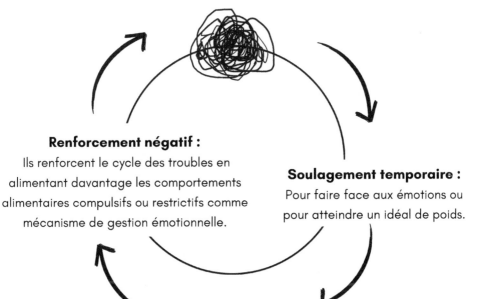

Renforcement négatif :
Ils renforcent le cycle des troubles en alimentant davantage les comportements alimentaires compulsifs ou restrictifs comme mécanisme de gestion émotionnelle.

Soulagement temporaire :
Pour faire face aux émotions ou pour atteindre un idéal de poids.

Sentiments de culpabilité et de honte :
Après avoir cédé à des comportements alimentaires compulsifs ou restrictifs.

"Remplacer la culpabilité par la satisfaction pour inverser ma courbe de poids"

Remplacer la culpabilité par la satisfaction est une approche très efficace pour inverser sa courbe de poids. Mais cela suppose peut-être de transformer une croyance selon laquelle le problème est alimentaire. On peut cependant prendre la décision de se libérer d'une croyance qui nous limite pour explorer une nouvelle croyance qui permet de vivre ce qu'on veut vraiment : se sentir libre et satisfait de manger ce dont on a besoin tout en prenant soin de soi et de son poids.

En se sentant coupable de manger ce qu'on considère comme "mauvais" ou "interdit", la nourriture devient automatiquement associée à des émotions négatives. Alors qu'en ne se privant plus d'aucun aliment, on libère en nous un espace de sécurité propice à instaurer une relation plus saine et équilibrée avec la nourriture. Ainsi, nous pouvons nous concentrer sur les aliments qui répondent à nos besoins et nous procurent de la satisfaction. Cela peut impliquer de choisir des aliments nourrissants, de préparer des repas satisfaisants, et de prendre le temps de savourer chaque bouchée.

Ce plaisir retrouvé nous permet d'écouter les signaux de faim et de satiété de notre corps. Lorsqu'on se sent bien, on mange lorsque l'on a faim et l'on s'arrête lorsque l'on est satisfait. Nous pouvons alors nous autoriser à apprécier chaque repas, qui devient une occasion de nous nourrir et de prendre soin de notre corps. Nous transformons ainsi notre relation avec nous-mêmes et avec la nourriture, et nous pouvons réguler nos apports alimentaires naturellement, sans contrainte, tout en maintenant un poids santé de manière naturelle et durable.

Rappelle-toi que la culpabilité n'existe qu'en mode 'survie', où tu subis tes comportements et ta vie. La satisfaction fait partie du mode 'vie', qui te permet d'agir plus facilement et naturellement. Dans ce cas, tu es en sécurité et en confiance. La satisfaction est donc ton meilleur guide. En mettant du plaisir et de la joie dans ta vie, tu n'auras plus besoin de trouver des plaisirs immédiats dans la nourriture pour répondre à des compulsions ou de chercher un moyen de contrôle pour t'apaiser.

"À chaque bouchée,
je cherche à combler un vide en moi"

"J'ai besoin de remplir un vide en moi"

Les troubles alimentaires sont bien plus profonds qu'un simple rapport à la nourriture. Comme toutes les addictions et pulsions, certains comportements alimentaires sont souvent là pour nous aider à supporter nos blessures ou à masquer nos troubles émotionnels.

Le besoin de remplir ce vide en soi est ressenti comme un manque de sécurité à l'intérieur de nous, insécurités personnelles, sentiments de dévalorisation, manque de satisfaction et de confiance en soi ou besoin insatisfait d'accomplissement personnel. Les comportements alimentaires peuvent alors devenir une tentative de combler ce vide et de trouver un moyen d'apaisement en mangeant, ou de contrôle en s'abstenant de manger. Il s'agit dans tous les cas d'un soulagement temporaire, car ce sentiment d'insécurité ne peut pas être comblé par de la nourriture. Nous savons que cette stratégie, pour faire face aux émotions est inefficace à long terme et aggrave le problème de fond en créant un cycle de culpabilité, de honte et de dépendance à la nourriture.

Personne ne choisit de s'infliger volontairement de telles souffrances, à moins d'être prêt à tout, pour mettre un terme à une douleur encore plus grande. Lorsque ce besoin n'est pas satisfait, nous sommes en insécurité et nous adoptons des comportements de survie. Alors, comment combler ce vide en nous qui est fondamentalement un manque de sécurité et de confiance pour ne plus subir nos réactions automatiques ?

Rappelle-toi que tu peux permettre à ton système nerveux de se sentir en sécurité pour ne plus ressentir ce vide en toi et le remplacer par de la joie et de la confiance. En mode "vie", la nourriture n'a plus pour fonction de nourrir le vide de l'insécurité et les compulsions, mais de t'apporter de l'énergie pour poursuivre tes objectifs.

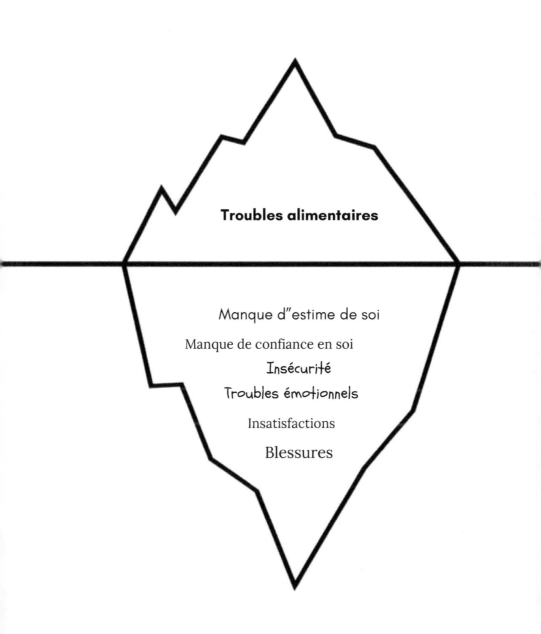

Le manque,

Je mange,
Dès que je vais mal,
Je mange tout le temps,
J'en ai besoin,
Puis je grossis,
Alors je culpabilise,
Et je mange, encore,
Je m'en rends malade,
Mais c'est plus fort que moi.

"Au moment où j'avais réussi à trouver toutes les réponses, toutes les questions ont changé"

Paulo Coelho

En cherchant à comprendre le monde, nous trouvons des réponses qui semblent claires. Ces réponses se basent souvent sur nos croyances personnelles. Par exemple, "je dois mincir pour être jolie" " je dois maigrir pour qu'il ne me quitte pas, pour une autre fille plus jolie " je dois mincir pour être heureuse" et bien sûr, "pour mincir, je dois arrêter de manger à ma faim". Quand nous pensons avoir trouvé *LA réponse* à tous nos problèmes, nous nous sentons satisfaits.

Cependant, même lorsque nous sommes sûrs de ces réponses, de nouvelles questions apparaissent. La vie remet sans cesse en cause ce que nous pensons et des événements inattendus créent de nouvelles interrogations. Cela devrait nous pousser à garder l'esprit ouvert et à douter de nos propres pensées et croyances pour faire évoluer notre compréhension. Mais en réalité, nous avons tendance à nous replier sur nos certitudes, à nous accrocher à nos habitudes et nous résistons aux changements et à la nouveauté, car notre mental se méfie et a peur de ce qu'il ne connaît pas. On se sent en sécurité dans ce qui nous est familier, même si nous souffrons de ce que nous connaissons déjà, car cela paraît plus supportable que la peur de l'inconnu.

Rappelle-toi que la perception du monde qui t'entoure se modifie en fonction de ton état d'esprit. Alors, n'écoute pas tes pensées, elles ne te racontent qu'une version de l'histoire, et tu peux décider de changer les sous-titres. Quand tu éprouves de la joie et de la sécurité, tout te paraît possible, y compris de changer tes certitudes et de te sentir aimée telle que tu es. Au moment où tu penses avoir trouvé toutes les réponses, de nouvelles questions vont surgir et tu ne dois pas rester enfermée dans tes pensées et tes croyances. Au contraire, sois curieuse, positive et prends conscience de l'importance d'essayer de nouvelles réponses, de voir la vie autrement, de savoir te pardonner et de t'autoriser à vivre chaque seconde en te faisant confiance et en souriant à la vie.

Et puis un jour,

J'ai réalisé que lorsqu'on souffre de TC@, on se tourne
toujours vers les mêmes habitudes alimentaires,
les mêmes comportements,

car on sait déjà ce qui va se passer.

Cela crée un sentiment de sécurité, un réconfort, un refuge
dans la familiarité, mais aussi dans la souffrance.

"J'aimerais me comprendre pour devenir mon propre soutien"

Lorsque nous cherchons à percer les mystères de nos comportements pour tenter de nous libérer des schémas répétitifs qui nous contraignent et nous emprisonnent, nous sommes confrontés à notre propre complexité. Se comprendre et prendre conscience des motivations et des peurs inconscientes qui nous poussent à agir malgré nous, est le premier pas vers le changement que nous désirons. Affronter nos peurs pour leur apporter des réponses appropriées, nous permet de nous sauver de nous-mêmes.

Par exemple, si nous comprenons que notre comportement est en partie, lié à la peur de grandir et d'avoir des responsabilités...nous pouvons apprendre à ne plus vivre cette peur de la même manière. L'objectif n'est pas de la supprimer, ce serait impossible car on aurait toujours peur qu'elle revienne. Mais on peut la comprendre et apprendre à devenir un simple observateur des sensations désagréables liées à cette peur. Celle position d'observation nous permet de prendre conscience de notre état interne d'insécurité et à partir de là, on peut retrouver le calme et la confiance en respirant lentement et profondément. En conséquence, en apprenant à revenir naturellement en état de "sécurité" nous pouvons être libre et ne plus subir nos comportements.

Rappelle-toi que si tu prends conscience que tes compulsions alimentaires ne sont pas le problème, mais seulement le symptôme, en réponse au stress, à la déception, à la frustration, à l'ennui ou encore à la tristesse, tu pourras apporter de nouvelles réponses. Ce livre contient des informations sur ton fonctionnement naturel, des outils et des exercices qui vont t'aider à comprendre que l'origine de tes émotions se trouve dans ton corps et comment tu peux ne plus les laisser diriger ta vie.

" Les personnages qui cohabitent en toi, dans ton corps "

"MODE "VIE"

"Le Sage créateur" , il agit en sécurité et en confiance ; il crée ; il trouve des solutions ; il sait ce qui est bon pour lui ; il est lucide et déterminé ; il est en lien avec lui-même et avec les autres.
Il vit dans le présent et sait apprivoiser ses peurs...

"MODE "SURVIE"

"Le Battant"
Il lutte, juge, critique, résiste, s'agite, s'énerve...Il subit son stress.

"L'Illusionniste"
Il fuit, évite tout ce qui lui fait peur et se trouve des excuses, il est "débordé"...Il subit son stress et ses angoisses.

"Le Timide craintif"
Il perçoit un grand danger.
Il a peur et se sent triste, honteux, rejeté, abandonné et impuissant.
Il subit ses peurs en étant incapable de réagir.

" Tous ces personnages vivent en toi, ils se succèdent les uns après les autres, au rythme de ton énergie "

"Tes pensées ne sont que le reflet de ce que tu es en train de vivre dans ton corps"

" Je me sens coupable de ne pas être
parfaite, j'ai honte de mon corps"

Quel que soit notre âge, notre taille ou notre poids, il nous arrive d'avoir des pensées négatives sur notre corps. Elles reflètent un état d'esprit en lutte contre notre propre image. Ce mal-être bien réel doit toujours être pris en compte avec attention et compassion, car il révèle une difficulté profonde à s'accepter et à s'aimer.

Mais il est important de prendre conscience que ces pensées ne reflètent pas la vérité, mais seulement la valeur et l'image que l'on a de soi-même à un moment donné. Cette perception est la traduction de toutes les insécurités qui existent à l'intérieur et à l'extérieur de nous. Nous sommes bien plus que la somme des imperfections auxquelles nous accordons de l'attention, mais les normes de beauté véhiculées par les médias et la société créent l'illusion que pour être heureux, nous devons renvoyer de nous-mêmes une image parfaite. Lorsque nous avons du mal à trouver notre place et à nous épanouir, nous pouvons alors légitimement penser que la cause de notre souffrance est à rechercher dans notre apparence. Mais c'est faux. D'une part, la perfection n'existe pas, et d'autre part, ce n'est jamais la clé de notre bonheur, même si nous avons du mal à le croire et à l'accepter.

Rappelle-toi que la cellulite, les vergetures, les courbes font partie de la physiologie humaine et ne devraient pas provoquer un quelconque sentiment de honte ou de culpabilité. Prends conscience qu'en acceptant tes imperfections, tu n'auras plus besoin de dépenser ton énergie de survie à te cacher et à avoir honte. Au contraire, tu vas libérer de l'énergie de vie pour révéler tes qualités et tes talents, et laisser apparaître la personne que tu es vraiment, débarrassée du poids de la culpabilité et de la honte. Lorsque tu cesses de te battre contre toi-même, tu quittes le mode "survie" et tu peux naturellement trouver de la légèreté dans ta vie.

Ne vois-tu pas ?

La pression d'être parfaite m'a détruite.

Il y a toujours cette voix dans ma tête,
"Contracte ton ventre, t'as l'air énorme."
Elle chuchote des mots, des critiques sans fin,

Elle me dit que je ne suis pas assez bien,
Elle me pousse à la lutte, à l'auto-détestation,
Me laissant prisonnier de cette obsession.

" Je pense que mon poids détermine ma valeur"

La croyance selon laquelle notre poids détermine notre valeur peut être le résultat d'expériences passées, d'influences culturelles ou familiales, ou même de messages sociaux dominants. Les médias mettent en avant des standards de corps minces comme seul idéal de beauté accepté. Les publicités, les films, les émissions de télévision et les magazines sont remplis d'images retouchées de corps qui créent une norme inaccessible.

Lorsqu'on ne parvient pas à atteindre ces normes, on peut penser qu'on n'est pas digne d'amour, de respect et de succès, et on développe ainsi des sentiments de honte et d'anxiété par rapport à son apparence physique. On se dit alors "Je ne suis pas assez mince, pas assez musclé, je ne peux pas réussir dans la vie..." Et cette croyance profondément enracinée de ne pas être "assez..." peut entraîner des comportements restrictifs ou malsains qui provoquent des troubles de l'alimentation et des problèmes de santé.

Rappelle-toi que pour lutter contre ces comportements excessifs et incontrôlés, tu dois commencer par faire évoluer ta croyance, car c'est elle qui est à l'origine de tes difficultés à t'aimer telle que tu es. Tu peux changer l'image que tu as de toi si tu prends conscience que tu n'es pas définie par un poids, une taille ou une apparence, mais par l'ensemble de tes qualités, tes talents, tes capacités relationnelles, tes valeurs... Tu n'aimes pas quelqu'un parce qu'il est beau et mince mais parce qu'il te fait te sentir belle. Ce changement de croyance te permettra de transformer le poids de tes pensées en légèreté dans ta tête et dans ton corps.

"Je me sens observée et jugée"

Les réseaux sociaux peuvent avoir un impact négatif sur notre confiance en nous. En nous poussant sans cesse à comparer nos vies à celle des autres, à travers leur succès, leur beauté, leur couple… nous avons l'impression que leur vie est parfaite et que nous ne sommes pas à la hauteur de ce bonheur inaccessible.

Mais n'oublions pas que sur les réseaux sociaux, les personnes qui s'affichent ont tendance à partager uniquement les aspects positifs de leur vie, et la réalité est souvent bien différente. Cette illusion, faite de filtres et d'images retouchées, peut susciter des attentes irréalistes.

Mais, exposer à la vue de tous une vie idéale révèle surtout un grand besoin de reconnaissance et de validation. Scruter les "likes", les commentaires et les partages des publications est, malgré l'image affichée de confiance en soi et de bonheur parfait, le signe d'une dépendance au regard des autres, d'un manque de confiance et d'une grande insécurité.

Rappelle-toi que les réseaux sociaux ne sont pas la réalité. Ils créent une image déformée de la vie. Mais tu peux les utiliser de manière positive pour rester en contact avec les autres, partager tes expériences et trouver du soutien. Entoure-toi de personnes qui t'inspirent par leurs valeurs de sincérité, de partage, de bienveillance et de respect, et tu ne te sentiras plus jugée mais comprise et soutenue.

Ce que tu penses,
que les autres voient de toi :

Ce que les autres
voient réellement :

Quelles sont tes qualités ?

Réfléchis à toutes les situations où tu as fait preuve de tes qualités. Voici une liste pour t'aider, mais tu peux bien sûr la compléter.

Gentillesse
Empathie
Compassion
Patience
Humilité
Honnêteté
Intégrité
Courage
Détermination
Confiance en soi
Volonté d'apprendre
Ouverture d'esprit
Capacité à être créatif
Capacité à écouter
Capacité à pardonner
Capacité à prendre des décisions
Capacité à résoudre les conflits
Capacité à s'adapter au changement
Capacité à reconnaître ses propres forces et faiblesses
Sens de l'humour
Capacité à se remettre en question
Capacité à être autonome
Capacité à collaborer avec les autres
Sens de la responsabilité
Altruisme
Capacité à prendre soin de soi-même
Capacité à prendre soin des autres
Curiosité intellectuelle
Capacité à trouver du sens dans la vie
Capacité à être sincère

J'ai peur de mon appétit,
Qui me hante, me tourmente,
Il murmure des désirs, insatiables et forts,
Me poussant vers l'excès, vers l'irréfléchi, l'instant.
Il se moque de mes efforts,

La boulimie en un schéma,

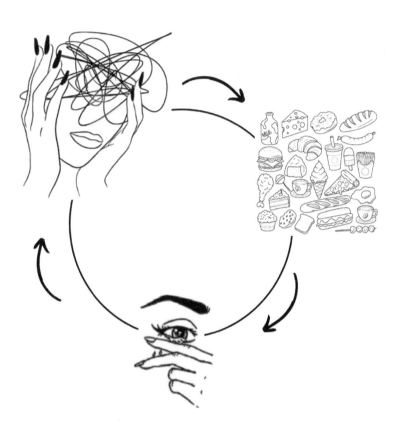

Cher Corps,

La dysmorphophobie,

C'est un trouble psychologique caractérisé par une préoccupation excessive et obsessionnelle concernant une imperfection perçue dans l'apparence physique. Les personnes atteintes de dysmorphophobie ont souvent une vision déformée de leur propre apparence et se focalisent de manière excessive sur des défauts mineurs ou imaginaires.

> Se regarder fréquemment dans le miroir,
>
> Se comparer à d'autres personnes,
>
> Éviter les interactions sociales,

Il est important de noter que la dysmorphophobie est un trouble psychologique et non simplement une préoccupation normale pour l'apparence physique. Les personnes atteintes de dysmorphophobie peuvent avoir besoin de l'aide d'un professionnel, pour apprendre à gérer leurs pensées et leurs comportements liés à l'apparence.

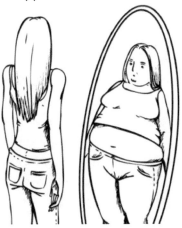

"Je n'arrive pas à penser autrement"

Lorsque nous sommes dans un état interne de survie, notre insécurité nous empêche d'avoir accès à des pensées différentes et positives. En "mode survie" ou en "mode vie", nos pensées et croyances ne sont pas les mêmes. En éprouvant de la confiance et de la sécurité, notre état d'esprit est différent et nous nous sentons naturellement aimés, respectés et acceptés exactement comme nous sommes.

Si nos pensées dépendent de notre état interne et donc de notre système nerveux, nous pouvons toutefois changer d'état pour changer nos croyances afin de nous permettre de passer plus de temps dans son état de calme et de sérénité, en "mode vie". La première étape est bien sûr d'identifier la ou les croyances qui nous empêchent de vivre ce que nous voulons vraiment et de changer d'habitudes. Ces croyances peuvent porter sur notre valeur personnelle, nos capacités, notre apparence,... Ensuite, nous pouvons chercher d'où viennent nos croyances. Sont-elles liées à des expériences passées, à des traumatismes, à l'influence de notre environnement familial ou social, à la peur de l'avenir ? Enfin, nous pouvons choisir de remettre en question ces croyances en comprenant qu'elles sont basées, non pas sur la réalité, mais sur la perception de ce que nous avons vécu. Ce n'est pas l'expérience elle-même qui a créé la croyance, mais la façon dont on l'a ressentie à l'intérieur de nous, en fonction de notre état d'esprit à ce moment là. Alors, demandons-nous : "Puis-je trouver des exemples qui remettent en question cette croyance ? ou encore "Est-ce qu'il y a autour de moi des personnes qui ne partagent pas cette croyance ?"

Rappelle-toi qu'en sortant de tes états d'insécurité en mode "survie", tu vas naturellement renforcer l'estime et la confiance en toi et tu pourras alors facilement remplacer les croyances qui te limitent dans ta vie par des croyances positives. La pratique de l'affirmation de soi, notamment par la répétition régulière de nouvelles croyances positives, t'aidera à te sentir de plus en plus en sécurité et en confiance. Et n'oublie pas qu'il est important aussi de t'entourer de personnes positives, d'amis, de membres de ta famille ou de professionnels de l'accompagnement et de la santé qui pourront t'apporter leur soutien.

Changements de croyances

Je ne peux pas être heureuse parce que ....

....

....

....

....

....

....

Ce n'est pas possible pour moi de changer parce que ....

....

....

....

....

Si je réussissais à changer, j'ai peur de ....

....

....

....

....

....

....

Je ne serai jamais .... Car............

....

....

....

....

....

....

Je n'aurai jamais ....

Car...

....

....

....

J'aurais toujours ce problème dans ma vie car

....

....

....

....

....

....

Il n'est pas acceptable d'être ....

Car...

....

....

....

Je ne mérite pas ....   C a r ....

....
....
....
....
....
....

Respire profondément en prenant deux ou trois grandes respirations, comme un long soupir de soulagement et relis tes réponses. Puis note la croyance principale qui te paraît être à l'origine de tes comportements :

M a   p r i n c i p a l e   c r o y a n c e

....
....
....
....
....

À ton avis, est-il possible qu'il existe au moins une personne qui ait une croyance différente de la tienne, ou même une croyance opposée ? Si oui, quelles pourraient être ces croyances ?

....
....
....
....
....

Quels seraient les avantages pour toi, si tu gardais ta croyance ?

....
....
....
....
....
....

Quelles seraient les conséquences négatives pour toi si tu gardais cette croyance ?

....
....
....
....
....

Qu'est-ce que ta croyance actuelle t'empêche de faire ?

....
....
....
....

Qu'est-ce que ta croyance actuelle t'empêche de penser ?

....
....
....
....

Qu'est-ce que ta croyance actuelle t'empêche de vivre comme relation avec les autres ?

. . . .
. . . .
. . . .
. . . .

Qu'est-ce que ta croyance actuelle t'empêche de vivre comme émotions et comme sensations dans ton corps ?

. . . .
. . . .
. . . .
. . . .
. . . .
. . . .

Comment pourrais-tu modifier ta croyance, même un tout petit peu, pour qu'elle ne te limite plus dans ta vie, mais au contraire qu'elle t'aide à t'épanouir et à te sentir bien dans ta peau et dans ta tête ?

Ma nouvelle croyance

. . . .
. . . .
. . . .
. . . .
. . . .
. . . .

Affirmations pour créer ma nouvelle réalité en mode "Vie"

Respire profondément en inspirant pour gonfler votre ventre, puis expire en soufflant comme si tu poussais un long soupir de soulagement. Puis prononce les affirmations qui ont du sens pour toi.

J'ai le droit de me sentir libre d'être moi-même.
J'ai le droit d'être mince et d'être aimée par les gens que j'aime.
J'ai le droit d'être mince et en sécurité.
J'ai le droit d'aller bien.
J'ai le droit d'être différente.
J'ai le droit d'être imparfaite.
J'ai le droit de dire non.
J'ai le droit de choisir ce qui est bon pour moi.
J'ai le droit de décevoir.
J'ai le droit d'être sensible et vulnérable.
J'ai le droit d'exprimer ce que je ressens.
J'ai le droit d'être vue.
J'ai le droit de douter et d'avoir peur.
J'ai le droit d'aller mal.
J'ai le droit d'être soutenue.
J'ai le droit de faire la paix avec mon corps.
J'ai le droit de manger de tout.
J'ai le droit de me faire plaisir.
J'ai le droit de me pardonner.
J'ai le droit de prendre soin de moi.
J'ai le droit de me respecter.
J'ai le droit de m'aimer comme je suis.
J'ai le droit d'aimer et d'être aimée.
J'ai le droit de croire en moi et en ma valeur.
J'ai le droit d'avoir confiance en moi pour faire les bons choix.
Je suis en paix avec moi et je me respecte.
J'ai le droit d'être heureuse et je le mérite.

À présent, ressens dans tout ton corps, cette sensation d'être libérée de toutes tes croyances et de toutes tes peurs conscientes et inconscientes. Répète ces affirmations tous les jours.

Je cherche un refuge,
une lueur d'espoir,
Pour m'échapper de ce cycle,
de ce piège,
Je vais l'affronter,
le comprendre,
Je sais qu'au fond de moi,
il y a une force,
une lumière,
Pour enfin retrouver ma joie.

J'ai besoin ~~d'être plus mince,~~
de m'aimer.

"Dans ton désir de changer, ne sois pas trop dure et exigeante envers toi-même"

Lorsque nous décidons de changer, ce désir crée souvent de grandes attentes et de l'impatience. Mais se respecter, écouter son corps et ses ressentis, adopter une approche bienveillante et compatissante envers soi permet d'atteindre plus facilement ses objectifs. Si nous nous dévalorisons constamment par nos pensées et jugements internes, il est très difficile de rester engagés dans ce processus d'évolution, pour obtenir des résultats concrets et durables. Se critiquer pour ses choix alimentaires renforce l'anxiété et le stress, détériore notre relation avec nous-mêmes et avec la nourriture, créant ainsi de la culpabilité et de la frustration. Plutôt que de lutter constamment contre nos habitudes, acceptons de faire la paix avec elles, afin de nous sentir suffisamment en confiance pour être capables d'en créer de nouvelles plus satisfaisantes.

Dans notre quotidien, il est important de respecter notre rythme, en éliminant tout ce qui gaspille notre énergie et détruit notre confiance en soi. C'est le seul moyen d'éviter de s'épuiser et de se retrouver dans un état d'esprit de découragement et d'impuissance. Parfois, nous sommes fatigués et nous n'avons pas le courage de faire certaines choses. Il ne sert à rien de lutter contre son propre corps en s'imposant une discipline excessive. La clé pour atteindre nos objectifs de santé et de bien-être et surmonter les obstacles réside dans la tranquillité d'esprit et la confiance en soi.

Rappelle-toi que pour modifier durablement tes habitudes alimentaires, il est essentiel de transformer ta relation avec toi-même. Sois patiente et indulgente envers toi, car tout changement demande du temps. Encourage-toi en célébrant même les plus petits progrès. Traite-toi avec compassion et bienveillance pour créer un état d'esprit positif propice au changement. Choisir d'expérimenter plus de liberté, d'amour et de confiance dans ta vie pour surmonter tes compulsions et tes troubles émotionnels ne doit pas devenir une source de stress ou de frustration constante. Au contraire, tu dois t'encourager par des expériences positives et gratifiantes qui te motivent.

" J'essaie de toutes mes forces, mais je n'y arrive pas, alors que pour les autres ça semble facile "

Lorsqu'on est épuisé, nerveux, anxieux ou triste, on perçoit la vie de manière négative. Tout semble difficile, voire impossible. Et c'est normal, car nos pensées, nos émotions et nos comportements sont liés à notre état. En revanche, quand on se sent bien, tout devient facile : on a confiance en soi, les idées sont claires, on déborde d'énergie et de volonté, on se sent serein et optimiste. C'est notre système nerveux qui gère tout cela. Il régule toutes les fonctions du corps humain pour nous préparer à réagir en fonction du danger ou de la sécurité perçue, en tenant compte de nos expériences passées et de nos croyances. En conséquence, il met en place des programmes automatiques qui influencent nos réactions.

Mais en mode "survie", nous ne sommes pas en mesure d'évaluer le danger réel. On réagit comme s'il y avait un danger alors qu'il n'y en a pas. Nos blessures, nos traumas, et nos peurs agissent sur nous, comme si le danger était toujours présent et nous restons prisonniers de nos états d'insécurités qui ne sont pas adaptés à la situation qu'on est en train de vivre. Nous subissons nos pensées, nos émotions et nos comportements.

Rappelle-toi, que lorsque tu ne peux pas maîtriser un comportement, ce n'est pas de ta faute. Au contraire, il faut énormément de volonté pour arriver à contrôler des besoins vitaux tels que celui de manger. Mais le contrôle n'est jamais la solution, car il entraîne inévitablement des pertes de contrôle de plus en plus grandes. Dans ces deux cas, contrôle ou perte de contrôle, ton système nerveux reste en mode "survie". La seule solution durable et saine pour ne plus subir tes réactions, est d'apaiser ton système nerveux pour qu'il ne se sente plus en insécurité. Car si tu dépenses toute ton énergie dans tes comportements de survie, tels que cacher tes émotions, te battre pour tout contrôler, te restreindre, manger en excès pour combler un manque... tu n'as plus d'énergie à mettre au service de tes vrais objectifs comme te nourrir sainement pour prendre soin de toi, t'autoriser à te faire plaisir, ne rien t'interdire...et profiter de la vie.

As-tu tendance à vouloir contrôler plusieurs domaines de ta vie ? Si oui, lesquels ?

....
....
....
....
....

Dans quel domaine ce contrôle est-il le plus fort ?

....

Quels principaux comportements peux-tu avoir pour te calmer, te récompenser, te consoler, ... (te priver de nourriture, manger certains aliments, manger en grande quantité, manger uniquement certains aliments sains, faire beaucoup de sport, t'isoler...)

....
....
....
....
....
....

Que se passe-t-il quand tu perds le contrôle et que ça ne se passe pas comme tu veux ?

....
....
....

Qu'est-ce que tu te dis à ce moment-là ?

. . . .
. . . .
. . . .
. . . .

Quelle émotion ressens-tu ?

. . . .
. . . .
. . . .
. . . .
. . . .

Quelles sensations ressens-tu dans ton corps ?

. . . .
. . . .
. . . .
. . . .
. . . .
. . . .

Idéalement, comment voudrais-tu réagir ? Que voudrais-tu penser et ressentir ?

. . . .
. . . .
. . . .
. . . .
. . . .

As-tu déjà essayé de lâcher prise ? Si oui, comment ?

. . . .
. . . .
. . . .
. . . .

Quels bénéfices pourrais-tu espérer de ce nouveau comportement plus confiant et plus serein ?

. . . .
. . . .
. . . .

Si tu lâchais prise sur ce besoin de contrôle, quelle serait ta plus grande peur ?

. . . .
. . . .
. . . .

Est-ce que tu as déjà eu à vivre une telle peur ? Si oui qu'est ce qui pourrait être différent aujourd'hui ?

. . . .
. . . .
. . . .
. . . .
. . . .
. . . .

"Si ta petite voix te dit de ne pas manger, lis ceci..."

Elle est puissante cette petite voix, mais elle ne dit pas la vérité, elle a seulement peur.

Elle te fait croire que tu seras plus puissante, plus forte et fière de toi, si tu ne manges pas. Mais c'est un mensonge. La nourriture n'est pas le problème.

Elle te fait croire que tu peux contrôler ton corps et te restreindre, mais ce n'est pas vrai, le contrôle t'entraînera toujours vers l'échec et la déception.

Si, au contraire, tu manges pour répondre à tes propres besoins, tu prendras soin de toi et tu réussiras à chasser la souffrance et la culpabilité.

En mangeant, tu apporteras l'énergie nécessaire à ton corps pour ne plus succomber à cette petite voix séductrice et menteuse.

Tu as besoin de manger pour vivre pleinement.

" Tu ne peux pas toujours contrôler ce qui se passe en toi, mais tu peux contrôler la façon dont tu y réagis "

Nos comportements ont des conséquences directes sur notre bien-être et notre qualité de vie. Chacune de nos expériences influence notre vie. Pour notre corps et notre cerveau, il y a deux catégories d'expériences : les négatives et les positives.

Chacune de ces expériences est utilisée différemment par notre corps : nous "digérons" chaque pensée comme notre estomac digère les aliments. Et une pensée peut faire grossir. Le poids n'est pas seulement physique, il se cache dans tous les aspects de notre vie. Toutes les expériences positives nous nourrissent dans tous les domaines de notre vie, et toutes les expériences négatives sont toxiques et s'accumulent sous forme de poids, de stress, de pression, d'insécurité, d'image négative de son corps, de conflits et de mauvaise estime de soi.

La clé pour transformer nos pensées quotidiennes se trouve dans notre capacité à vivre tous les jours des expériences positives d'amour, de gratitude, de compassion, des relations paisibles et enrichissantes, dans un environnement calme et une intimité satisfaisante. Ces émotions positives contribuent à renforcer une image positive de soi et aident à retrouver des comportements sains et adaptés à nos vrais besoins. Prendre soin de soi, en vivant des expériences positives chaque jour, nous évite d'accumuler le négatif au quotidien, et nous permet de ne plus avoir à lutter contre nous-mêmes et nos comportements compulsifs.

Rappelle-toi que tu peux apprendre à remplacer le poids que tu accumules dans tes états d'insécurité, de stress et d'anxiété par la légèreté d'un état de sérénité et de confiance en prenant soin de toi avec bienveillance et en t'accordant la valeur que tu mérites. La respiration, le soupir intentionnel, la méditation, la visualisation, les routines, le yoga, la marche, le sommeil, le rire, le jeu, les affirmations positives, les activités... sont des outils précieux pour libérer du bonheur dans ton corps et te permettre de vivre le changement que tu souhaites dans tes comportements alimentaires.

Mes affirmations pour bien commencer ma journée...

Ma bataille est terminée, je suis en harmonie avec moi-même.

Je suis consciente de mes besoins et de mon corps à chaque instant.

Au fur et à mesure que mes émotions circulent librement, ma vie devient plus légère.

Je renonce à contrôler ce qui ne dépend pas de moi et je suis bienveillante envers moi.

Les expériences positives me nourrissent à tous les niveaux.

Je me sens satisfaite et je ne manque de rien.

Tous les jours et à tout point de vue, je vais de mieux en mieux.

"L'anxiété qui se cache derrière nos assiettes"

Un mal-être, le sentiment de perte de contrôle sur sa vie en général ou sur des domaines particuliers, peut avoir des conséquences sur son alimentation, qu'il s'agisse de restrictions ou d'excès. Contrôler son corps par son alimentation donne l'illusion de pouvoir contrôler sa vie. Ce besoin de contrôle peut être renforcé par le désir d'atteindre un idéal de perfection. Les personnes stressées ont souvent des exigences élevées et sont très critiques envers elles-mêmes, car l'anxiété altère la perception de leur corps. Modifier et améliorer son apparence physique apparaissent alors comme la solution pour se sentir mieux.

Dans toutes ces situations, la nourriture est un moyen de contrôle, de réconfort ou même de distraction. Lorsque nous mettons toute notre attention sur ce que nous ne devons pas manger, nous nous déconnectons totalement de nos besoins réels. Mais le problème n'est pas alimentaire, il est à rechercher dans les peurs conscientes et inconscientes qui nous empêchent de vivre en confiance et en sécurité.

Rappelle-toi que bien souvent, la nourriture devient la cause apparente de ton mal-être alors qu'en réalité, elle est la conséquence. Manger trop/ne pas manger est seulement le seul moyen que tu as trouvé pour apaiser ton anxiété. Elle est le symptôme de ton mal-être, mais tant que tu restes focalisée sur la terreur de grossir et la haine de toi, tu es piégée dans l'illusion que tu peux contrôler ton corps, et dans la culpabilité de ne pas y arriver. De plus, la peur de grossir est elle-même un facteur de stress qui entraîne toujours plus de contrôle et de culpabilité.

"Mange,

mange,

mange..."

Non pas par faim, mais par angoisse, par habitude, par désespoir.

"Mange,

mange,

mange..."

pour remplir un vide, pour étouffer une émotion, pour combler un besoin.

"Mange,

mange,

mange..."

jusqu'à l'écœurement, jusqu'à la nausée, jusqu'à l'auto-dégoût, sans fin, sans répit, sans satisfaction.

"Mange,

mange,

mange.."

Mais un jour, apprends à manger pour célébrer la vie. Mange avec conscience, avec gratitude, avec amour. Mange pour retrouver l'équilibre, pour retrouver la paix, pour te retrouver toi-même.

"Je mange mes émotions"

Manger ses émotions est un phénomène aussi banal que complexe qui peut être vécu très différemment d'une personne à l'autre. On peut chercher du réconfort dans la nourriture lorsqu'on se sent stressé, triste ou même heureux. Nos émotions influencent nos choix alimentaires.

Lorsque nous sommes stressés, par exemple, nous pouvons être attirés par des aliments riches en sucre ou en matières grasses, car ils déclenchent la libération de substances chimiques qui procurent une sensation de plaisir et de soulagement. Mais on sait, que cette satisfaction est temporaire, et peut entraîner culpabilité et frustration. Toutefois, on a aussi le droit de manger un gâteau pour se faire plaisir sans aucune culpabilité.

Tout dépend des raisons qui nous poussent agir. Lorsque manger est une réaction instinctive en réponse à un trouble émotionnel non résolu, la culpabilité est là car on ne répond pas à son véritable besoin. Dans ce cas, la nourriture devient le moyen de nous détourner de nos problèmes réels, car nous n'arrivons pas à affronter nos peurs et nos blessures. Mais malheureusement, l'excès ou le manque de nourriture ne font qu'aggraver notre mal-être et peuvent avoir de graves conséquences sur notre santé physique et émotionnelle.

Rappelle-toi qu'il est important de comprendre le lien entre ce que tu manges, et tes émotions. Lorsque tu ressens un vide intérieur ou des désirs incontrôlables, plutôt que de chercher à combler ce manque en vain, demande-toi : de quoi ai-je réellement faim à ce moment précis ? Ainsi, tu pourras mettre en place des stratégies saines pour gérer tes troubles émotionnels sans recourir systématiquement à la nourriture. L'objectif est que tu apprennes à accueillir tes émotions avec confiance, pour ne plus les manger.

" Une émotion, c'est comme une personne qui vient frapper à ta porte, et qui ne partira pas tant que tu ne lui auras pas ouvert. Plus tu attends, plus la confrontation sera difficile."

" Se libérer du dilemme de la Faim"

Il y a des situations que nous n'arrivons pas à vaincre : plus nous mangeons et plus nous avons faim. Les messages qui arrivent au cerveau sont confus, le besoin réel lié au manque n'est pas correctement identifié et donc pas satisfait. Dans ce cas, notre corps continue d'en redemander.

Si, par exemple, nous mangeons trop par manque de sommeil, ou par manque d'énergie... nous ne pouvons pas répondre correctement au besoin réel, car le message n'est pas le bon. Pour se reconnecter à nos vrais besoins et avoir la bonne information, pour pouvoir y répondre, nous devons d'abord retrouver l'équilibre naturel du corps. Pour cela, nous avons besoin d'un sommeil et nous devons réduire le stress chronique en mettant en œuvre des routines qui nous permettent de vivre des expériences positives et épanouissantes. Ainsi, chaque jour, en répondant à notre besoin d'émotions nourrissantes comme l'affirmation de soi, la joie, la satisfaction, la sérénité... les envies compulsives de compensation cessent naturellement.

Rappelle-toi qu'il existe différents types de faim. En prenant conscience de tes manques, et de tes besoins réels, tu peux relier ton appétit à un besoin qui peut être concrètement satisfait. C'est la manière, pour mettre fin au dilemme de la faim. En répondant au manque d'amour, de désir, de satisfaction, de sécurité, d'écoute, de sérénité, d'appartenance...tu peux guérir ces manques et te libérer de tes troubles alimentaires émotionnels.

J'ai l'impression de ne jamais pouvoir me libérer
de cette obsession de la nourriture.
Je suis toujours en train de penser,
à ce que je mange,
à ce que je ne mange pas,
à ce que je devrais manger...
C'est comme si je n'avais jamais de répit."

Quelles sont les émotions qui te poussent généralement à manger de manière excessive ou non-satisfaisante pour toi ?

. . . .
. . . .
. . . .
. . . .
. . . .
. . . .

Dans quelles situations ressens-tu le besoin de compenser tes émotions par la nourriture ?

. . . .
. . . .
. . . .
. . . .
. . . .
. . . .

Dans quelle mesure ton enfance ou ton environnement familial ont-ils influencé tes habitudes alimentaires émotionnelles ?

. . . .
. . . .
. . . .
. . . .
. . . .
. . . .

Quels sont les déclencheurs spécifiques qui t'incitent à manger pour soulager tes émotions ?

. . . .
. . . .
. . . .
. . . .
. . . .
. . . .

À quoi ressemble ton dialogue interne lorsque tu es confrontée à des émotions intenses et que tu as besoin de manger pour les apaiser ? Qu'est-ce que tu te dis ?

. . . .
. . . .
. . . .
. . . .
. . . .
. . . .

Qu'est-ce que tu pourrais faire à la place pour faire face à tes émotions sans avoir recours à la nourriture ?

. . . .
. . . .
. . . .
. . . .
. . . .
. . . .

À quels moments as-tu réussi à identifier et à surmonter l'envie de "manger tes émotions" ? Qu'est-ce que tu as fait ?

....
....
....
....
....
....

Quels changements pourrais-tu apporter à ton environnement quotidien pour ne plus être submergée par tes émotions ?

....
....
....
....
....
....
....
....
....
....
....
....

"Mon passé me fait souffrir, mon futur me terrifie et mon présent est une prison."

Le poids physique, mental et émotionnel est causé par les cicatrices du passé : les blessures, les traumatismes, les souvenirs toxiques et des conditionnements rigides sont souvent la source d'un mal-être profond et d'un manque d'amour et de confiance en soi. On ne peut pas changer ce passé, mais on peut guérir sa relation au passé et retrouver un équilibre émotionnel sain. Cela implique de prendre conscience de l'impact de ce passé sur notre vie actuelle et de se pardonner soi-même ou de pardonner aux autres. Le passé perd son emprise et son poids si nous sommes conscients que nous ne sommes plus la personne que nous étions avant.

L'avenir quant à lui, est fait d'incertitudes, c'est sa nature. La peur de l'inconnu entraîne souvent une angoisse qui se nourrit du besoin du contrôle pour éviter de se sentir vulnérable et impuissant. La peur de l'avenir prend toujours sa source dans une pensée. Si on ne se concentre plus sur l'histoire qu'on se raconte, mais sur l'émotion et les sensations dans notre corps, on va se rendre compte qu'on ne peut pas ressentir et penser à la fois. La respiration est essentielle pour se reconnecter à soi et transformer sa vie.

Rappelle-toi que toutes tes pensées, visant à changer le passé ou à contrôler l'avenir, t'emprisonnent et détruisent ton présent. Or, ce moment présent est le seul qui existe pour te permettre d'agir et de choisir comment tu veux vivre aujourd'hui. Accueillir l'émotion, la ressentir dans ton corps en respirant profondément est le seul moyen de vivre dans le présent pour retrouver le calme, la lucidité et la sérénité nécessaires afin de ne plus subir tes comportements automatiques et compulsifs.

Comment décrirais-tu tes comportements alimentaires ?

....
....
....
....
....
....

À quel moment ces comportements ont-ils commencé ? Peux-tu identifier une situation ou un événement qui a déclenché ces comportements ? (phobie, divorce, deuil, séparation, difficultés scolaires, choc émotionnel, ... ?

....
....
....
....
....
....
....

Quelles sont les principales pensées et inquiétudes qui reviennent en boucle dans ta tête ?

....
....
....
....
....

Dans quelles autres circonstances passées, as-tu vécu ces inquiétudes ?

....
....
....
....
....
....

Comment tes comportements alimentaires affectent-ils ta vie quotidienne ?

....
....
....
....
....
....
....

Idéalement, comment voudrais-tu que ça se passe ?

....
....
....
....
....
....
....

Qu'est-ce qui pourrait t'empêcher d'agir de cette autre façon ? Qu'est-ce que tu redoutes ?

....
....
....
....
....
....

Si tu devais donner un conseil à ton "toi" d'il y a 1 an, 2 ans ou 5 ans, que lui dirais-tu ?

....
....
....
....
....
....
....
....
....
....
....

Note ici, toutes les phrases que tu aimerais entendre pour te rassurer, lorsque tu ne te sens plus libre de tes comportements et que tu perds le contrôle :

. . . .
. . . .
. . . .
. . . .
. . . .
. . . .
. . . .
. . . .
. . . .
. . . .
. . . .
. . . .
. . . .
. . . .

Relis ces phrases, plusieurs fois si besoin, dès que tu commences à ressentir les premiers signes de la perte de contrôle.

Cela va permettre de te rassurer et de canaliser tes émotions négatives.

"Ce que les personnes ne souffrant pas de troubles alimentaires ne comprendront jamais"

On ne peut pas décider d'arrêter du jour au lendemain.

Les troubles alimentaires impactent notre vie quotidienne, que ce soit notre appétit, notre humeur, notre motivation, nos objectifs...

Chaque jour, on subit des symptômes physiques et mentaux.

Chaque matin, on se lève espérant ne pas perdre le contrôle et ne pas faire de crise.

C'est difficile de voir les autres manger moins que nous, car l'inverse nous déculpabilise et nous rassure.

Nous dire : "il suffit juste de manger normalement ne sert à rien et ne nous aide pas.

"Oui, je souffre de troubles alimentaires. J'essaie de les surmonter, et j'échoue parfois. Je ne le fais pas exprès, je ne veux plus être jugée. La volonté ne suffit pas. Je ne te demande pas de me comprendre, car c'est peut-être impossible. Mais je suis fatiguée et j'aimerais seulement être rassurée quand je le demande..."

"L'insécurité en toi ou autour de toi existera toujours, mais tu peux l'apprivoiser"

Nous sommes confrontés en permanence à des insécurités liées à des situations sur lesquelles nous n'avons pas de contrôle. (Le comportement des autres, un accident, la perte d'un proche, le renoncement à vivre une situation désirée, une émotion forte...). Nous devons aussi vivre avec nos conditionnements du passé qui ont pu créer une perception du monde dangereuse, une mauvaise estime de soi, de l'anxiété, des pensées et des croyances négatives qui influences nos comportements...

Nous ne pouvons pas nier ni supprimer ces sources d'insécurité, car elles existent quoi qu'on décide. Mais nous pouvons décider de ne plus vivre dans un état interne d'anxiété permanente créant des comportements qui nous limitent, tels que : le repli, la culpabilité, le désespoir, le sentiment d'impuissance, la frustration, le besoin de contrôle, l'agressivité les dépendances...

Rappelle-toi que dans le monde réel tu seras toujours confrontée à l'insécurité et aux défis de la vie, aux jugements, à la déception, au rejet et à ta vulnérabilité. Mais ce n'est plus un réel problème lorsque tu sais comment réagir à toutes tes peurs et comment laisser l'émotion te traverser sans qu'elle prenne le contrôle.

En acceptant que la peur fasse partie de ta vie, tu n'auras plus peur d'avoir peur.

Tu n'auras pas vaincu ta peur de grossir, tu auras accepté de te faire confiance et de faire confiance à ton corps.

Tu n'auras pas vaincu ta peur d'échouer, tu auras accepté l'échec, comme une manière d'apprendre.

Tu n'auras pas vaincu ta peur de décevoir, tu auras accepté l'idée que tu dois avant tout te respecter toi-même..

Tu n'auras pas vaincu ta peur d'être trahie, tu auras compris que tu n'es pas responsable du comportement des autres.

Tu n'auras pas vaincu ta peur d'être déçue, tu auras accepté que ce qui arrive peut-être différent de tes attentes et malgré tout te réserver de belles surprises.

Tu n'auras pas vaincu ta peur d'être découragée, tu auras accepté de vivre une expérience.

Tu n'auras pas vaincu ta peur d'être abandonnée, tu auras appris à t'aimer suffisamment pour être toujours là pour toi.

Tu n'auras pas vaincu ta peur d'être jugée, tu auras accepté d'être bienveillante envers toi-même quoi qu'il arrive.

Tu n'auras pas vaincu ta peur de te sentir triste, tu auras compris que ta vulnérabilité est une chance et un pouvoir extraordinaire.

Tu n'auras pas vaincu ta peur de l'inconnu, tu auras accepté de te faire confiance.

Décris un manque dans ta vie que tu n'arrives pas à satisfaire et que tu tentes de remplir par de mauvaises habitudes :

. . . .
. . . .
. . . .
. . . .
. . . .
. . . .

Comment pourrais-tu affronter plus directement et plus efficacement ce manque ?

. . . .
. . . .
. . . .
. . . .
. . . . ? . . . . . .

Dans quels domaines de ta vie te sens-tu déjà satisfaite ? Comment tu t'y prends ?

. . . .
. . . .
. . . .
. . . .
. . . .
. . . .
. . . .
. . . .

> "Je suis consciente de ce qui se passe en moi et je peux répondre à mes besoins"

Lorsqu'on prend conscience du trouble émotionnel qui provoque un comportement compulsif et automatique, au moment même où il se produit, on peut se dire :

> "J'ai le droit de me sentir mal et c'est normal d'avoir ces pensées, car mon système nerveux est en insécurité et réagit comme il peut car il veut me protéger."

> "Mais je peux éviter de réagir automatiquement en retrouvant un état naturel de sécurité et je vais utiliser les ressources qui sont à ma disposition aujourd'hui."

> "Je peux changer mes pensées, mes comportements et mes émotions pour retrouver des sensations de calme et de lucidité pour répondre à mon véritable besoin."

Rappelle-toi que si tu es réellement présente dans ton corps, tu peux observer tes pensées, et ainsi, tu n'es plus prisonnière de ton mental. En tant qu'observatrice, tu ne juges pas ; tu regardes simplement ta pensée, tu ressens l'émotion et tu surveilles ta réaction sans en faire un problème. Tu sentiras en toi une présence calme qui observe, et tu n'auras plus besoin de combler ce vide d'insécurité par tes comportements habituels. Mettre en place cette nouvelle habitude de conscience de soi prend du temps. Pour y parvenir plus facilement, tu peux t'entraîner à écrire, tous les jours, dans ton journal, la situation que tu as vécue et la réaction que tu as eue. Cet exercice quotidien va t'aider à mettre de la conscience sur ce que tu vis et surtout t'aider à accepter toutes tes réactions afin de retrouver de plus en plus rapidement des sensations de paix.

"Reconnaître mes états d'insécurité et répondre à mes besoins réels"
Journal

Le ....
J'ai ressenti un trouble émotionnel quand ....
....
....

(Pensées) ....
....

(Comportements) ....
....

(Sensations) ....
....

(Emotions) ....
....

Si je m'étais senti en sécurité à l'intérieur de moi, J'aurais aimé réagir :
....
....
....

Qu'est-ce qui aurait été différent ?
....
....
....

Comment j'aurais pu faire pour me sentir en sécurité afin de répondre à mon besoin réel ?
....
....
....

"Reconnaître mes états d'insécurité et répondre à mes besoins réels"
Journal

Le ....
J'ai ressenti un trouble émotionnel quand ....
....
....

(Pensées)   ....
              ....

(Comportements) ....
                   ....

(Sensations)   ....
                 ....

(Emotions)   ....
               ....

Si je m'étais senti en sécurité à l'intérieur de moi, J'aurais aimé réagir :
....
....
....

Qu'est-ce qui aurait été différent ?
....
....
....

Comment j'aurais pu faire pour me sentir en sécurité afin de répondre à mon besoin réel ?
....
....
....

N'aie pas peur de perdre certaines personnes.
Aie peur de te perdre toi-même à force d'essayer de plaire à tout le monde.

" Qu'est-ce qui se passe en moi ? "

Lorsque nous sommes coincés dans un torrent de pensées négatives, nous n'avons accès à aucune vraie solution et nous nous sentons totalement impuissants. Mais en réalité, nous pouvons agir pour sortir de ces pensées en nous posant une seule question : *qu'est-ce qui se passe en moi en cet instant ?* Se poser cette question, ce n'est pas juger ou interpréter nos comportements, nos pensées ou nos émotions en se disant : " Je ne m'y arrive pas, c'est trop dur, je n'ai pas assez de volonté..." La seule chose efficace que nous avons à faire est d'observer nos sensations dans le corps.

Est-ce j'ai la gorge serrée, l'estomac noué ou la poitrine oppressée ? Est-ce que je ressens des tensions, des douleurs, des lourdeurs... ? Dans quelles parties du corps ? Dans les jambes, les bras, le ventre... ? Observe si l'intensité varie. Est-ce qu'elle augmente ? Elle diminue ? N'en tire aucune conclusion, observe seulement.

Rappelle-toi qu'être consciente de ce que tu vis au moment où tu le vis est le moyen le plus puissant pour obtenir ce que tu souhaites. Pour cela, tu devras créer une nouvelle habitude et programmer un nouveau réflexe. Tu devras également rompre avec ton "moi malheureux qui a peur". Tu sais désormais que ce "moi" qui souffre et lutte contre lui-même, n'existe que dans tes états internes d'insécurité en mode "survie". La clé de ta transformation réside bien sûr dans la connexion à toi-même, en activant dans ton corps ton état naturel de sécurité qui te procurera suffisamment d'énergie, de sérénité et de confiance pour reprendre sereinement les rênes de ta vie. Tu dois maintenant mobiliser tes ressources pour réagir en mode "vie" et envisager le monde différemment.

Qu'est-ce qui de manière générale met de la légèreté et de la joie dans ta vie ?

....
....
....
....
....
....

Décris un moment de la journée où tu t'es sentie ancrée dans le moment présent, consciente de ce que tu vivais dans ton corps et dans ta tête ?

....
....
....
....
....

Qu'est-ce que tu pourrais mettre en place pour avoir plus de moments dans ta journée où tu as conscience de toi-même et de ce que tu ressens à l'intérieur ?

....
....
....
....
....
....

Qu'est-ce qui pourrait te permettre de réduire le stress ?

....
....
....
....

Qu'est-ce que tu pourrais faire pour améliorer ton sommeil ?

....
....
....
....

Quelle activité t'a fait vivre une expérience positive aujourd'hui ?

....
....
....

Quelles autres choses pourrais-tu faire dans les prochains jours pour te créer d'autres expériences agréables ?

....
....
....
....

Dans ton entourage, quelle est la relation qui te donne le plus de ressentis positifs et qui t'apporte le plus ?

....
....

"Je respire, et je me sens mieux"

As-tu déjà entendu parler de la cohérence cardiaque ?

La cohérence cardiaque est un état physiologique et émotionnel particulier qui s'obtient grâce à une harmonisation des battements du cœur avec la respiration. En état de cohérence cardiaque, la respiration devient régulière et rythmée, ce qui favorise un équilibre du système nerveux autonome entre le système sympathique (responsable de la réaction au stress) et le système parasympathique (responsable de la relaxation et de la récupération).

La cohérence cardiaque permet notamment la réduction du stress, de l'anxiété, l'amélioration de la concentration et du bien-être émotionnel général.

En pratiquant régulièrement cet exercice de respiration, tu peux améliorer ta capacité à gérer tes comportements compulsifs, tout simplement, car tu vas activer naturellement ton état interne de sécurité.

Il est recommandé de pratiquer **3** fois par jour, **6** respirations par minute pendant **5** minutes.

3/6/5

Mais tu peux commencer par pratiquer la cohérence cardiaque 1 fois par jour pour te familiariser avec cette pratique et observer les résultats positifs avant d'augmenter le rythme petit à petit.

Il existe de nombreuses applications de cohérence cardiaque disponibles sur ton smartphone.

"La pratique de la cohérence cardiaque est simple"

- Trouve un endroit calme où tu pourras t'asseoir confortablement sans être dérangée pendant quelques minutes.

- Assieds-toi dans une position confortable avec le dos droit et les épaules détendues.

- Concentre-toi sur ta respiration : commence par respirer naturellement, en prenant des respirations lentes, profondes et régulières.

- Pour entrer en cohérence cardiaque, il est conseillé de respirer à un rythme de 6 respirations par minute :

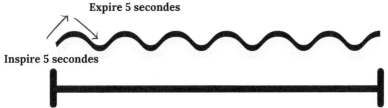

Tu peux visualiser cette courbe ou utiliser une application de cohérence cardiaque pour te guider et suivre ce rythme.

- Pendant tes respirations, tu peux également imaginer un lieu paisible et agréable, ou bien imaginer ton souffle qui circule dans tout ton corps.

Rappelle-toi, il est important de noter que la cohérence cardiaque est une technique simple et sans danger pour la plupart des gens. **Mais, si tu as le moindre problème de santé, tu dois impérativement consulter ton médecin avant de commencer cette pratique.**

"Les origines de mes troubles alimentaires"

Nos relations complexes avec la nourriture peuvent avoir pour origine des expériences passées, des traumatismes émotionnels, des peurs conscientes ou inconscientes ayant crée un manque d'estime et de confiance en soi. Peu importe la cause, ce sont nos états internes d'insécurité qui provoquent les comportements excessifs ou restrictifs qui sont simplement des mécanismes d'adaptation pour faire face au stress émotionnel.

Lorsque nous ne vivons pas dans l'anxiété ou le stress permanent, notre corps est naturellement capable de savoir comment s'alimenter de façon équilibrée et saine. Il ne cherche pas dans la nourriture un réconfort ou un moyen de contrôle pour apaiser nos angoisses. Il est naturellement et facilement à l'écoute de ses besoins physiques, physiologiques et de son bien-être global.

Rappelle-toi que toi aussi, tu possèdes cet état à l'intérieur de toi et que tu peux y accéder par un simple soupir de soulagement aussi souvent que tu le veux. Faire la paix avec ton passé et t'accepter telle que tu es te permettra de ne plus craindre ta vulnérabilité et tes émotions. Tu pourras enfin te faire confiance, adopter des pensées bienveillantes envers toi-même et avoir une perception positive et lucide du monde qui t'entoure. Tu te sentiras à ta place, disposant de l'énergie nécessaire pour agir en toute confiance et détermination au service de ton bien-être. Tu pourras enfin t'aimer et être à l'écoute de tes besoins.

Ce n'est pas difficile de t'aimer,
ce sont tes traumatismes qui te
font croire ça"

Les signes d'une mauvaise estime de soi

- [ ] Je suis susceptible
- [ ] Je me compare aux autres, en pensant qu'ils sont meilleurs
- [ ] J'ai peur d'être jugée
- [ ] Je culpabilise souvent
- [ ] J'ai peur du conflit
- [ ] J'ai de l'anxiété chronique
- [ ] Je ne me sens pas assez.... (belle, intelligente, gentille, responsable...)
- [ ] J'ai beaucoup de complexes
- [ ] Je me dénigre et me juge sévèrement
- [ ] J'ai besoin de reconnaissance pour me sentir bien dans ma peau
- [ ] Je fais beaucoup de suppositions sur ce que pensent les autres
- [ ] Je m'autocensure par peur du jugement ou de désapprobation
- [ ] J'ai des difficultés à fixer des limites, à dire "non"
- [ ] Je m'isole, ou évite des interactions sociales par peur du rejet
- [ ] Je suis sensible aux critiques
- [ ] Je suis perfectionniste
- [ ] J'évite de nouvelles situations ou défis, par peur de l'échec

À ce régime qui a bousillé ma vie,

Ce régime a tout gâché,
Ma vie, ma santé, mes amis.
Il m'a séduit,
M'a fait des promesses,
Mais il m'a laissé tomber.
M'a laissé seule, trahie.

Mes rêves ont disparu,
Mon corps en souffre encore,
Mes amis se sont éloignés.
J'ai pleuré.

Pourtant, un espoir persiste.
Dans l'ombre de la nuit,
Une lueur d'espoir brille.

Je romps les liens du régime,
Je reprends le pouvoir,
Je choisis le bonheur,
Je reconstruis ma vie.

"Créer une barrière entre toi et les critiques"

Quand on se demande quelles motivations se cachent derrière les critiques, il est plus facile de prendre du recul et de ne pas les laisser nous affecter.

La plupart du temps, la raison derrière les critiques est le besoin de se sentir supérieur. En rabaissant les autres, l'auteur cherche à renforcer sa propre valeur, révélant ainsi un manque de confiance en soi. Cela est également vrai lorsque la critique vise à contrôler ou à influencer, dans le but de soumettre l'autre à ses propres attentes. Ce désir de contrôle révèle un manque d'assurance non assumé. Dans certains milieux sociaux, la critique est considérée comme une forme de communication normale, voire nécessaire, pour influencer et maintenir des normes et des standards. Enfin, il arrive que certaines personnes critiquent sans réellement réfléchir à l'impact de leurs paroles sur autrui, ne réalisant pas à quel point leurs mots peuvent être blessants.

Pour se protéger des jugements ou critiques négatives, le plus efficace est de renforcer sa propre confiance en soi. Pour y parvenir voici quelques stratégies :

1. Connaître ses valeurs et ses convictions, permet de rester ancré dans ce qui est vraiment important pour soi, indépendamment des opinions des autres.

2. Se concentrer sur les aspects positifs de soi-même et de sa vie en pratiquant notamment la gratitude, renforce la résilience face aux critiques.

3. Apprendre à dire non et établir des limites claires avec les autres, permet de se protéger des influences négatives et de préserver son bien-être émotionnel.

4. S'entourer de personnes qui nous soutiennent et nous encouragent aide à faire face aux critiques externes.

5. Être gentil avec soi-même et se traiter avec compassion lorsqu'on fait face à des critiques réduit l'impact émotionnel et renforcer notre sécurité intérieure.

"La beauté réside dans la confiance en soi.
Si tu te sens bien dans ta peau et que tu t'acceptes telle que tu es, tu rayonneras de beauté, peu importe ton poids, ta taille et ton apparence."

Tu es belle, digne d'amour et de respect,
exactement comme tu es.
Ne l'oublie jamais.

Quelles sont les principales croyances ou pensées négatives à propos de toi-même ?

. . . .
. . . .
. . . .
. . . .
. . . .
. . . .

En quoi ces pensées t'empêchent d'avoir confiance en toi ?

. . . .
. . . .
. . . .
. . . .
. . . .
. . . .

Peux-tu identifier des expériences passées qui ont contribué à créer ce manque de confiance ?

. . . .
. . . .
. . . .
. . . .
. . . .
. . . .

Comment ce manque de confiance en toi se manifeste-t-il dans ta vie quotidienne ?

....
....
....
....
....
....;...................

Dans quelle mesure la pression de la société sur des normes de beauté imposées, influence ta vie quotidienne ?

....
....
....
....
....
....

Comment ces normes impactent-elles ta propre perception de ton apparence physique ?

....
....
....
....
....
....
....

Quelle conséquence la perception de ton apparence physique a-t-elle sur ton estime de toi ?

. . . .
. . . .
. . . .
. . . .
. . . .
. . . .

Quelles sont tes croyances personnelles sur ce que signifie être "beau" ou "belle" ?

. . . .
. . . .
. . . .
. . . .
. . . .
. . . .

Aujourd'hui, qu'est ce que tu ne veux plus penser et dire à propos de toi ?

. . . .
. . . .
. . . .
. . . .
. . . .
. . . .
. . . .
. . . .

Aujourd'hui, que veux-tu penser de toi ? Dire de toi ?

. . . .
. . . .
. . . .
. . . .
. . . .
. . . .

As-tu déjà eu une opinion positive de toi à un autre moment de ta vie ? Si oui, qu'est-ce qui était important pour toi à ce moment-là ?

. . . .
. . . .
. . . .
. . . .
. . . .
. . . .

Quels sont tes points forts, c'est-à-dire les qualités et les compétences que tu peux utiliser pour renforcer ta confiance en toi ? Note ci-dessous dix qualités qui renforcent une image positive de toi ?

. . . .
. . . .
. . . .
. . . .
. . . .
. . . .
. . . .

Quels changements concrets pourrais-tu mettre en œuvre, dès maintenant, pour renforcer ta confiance en toi ?

. . . .
. . . .
. . . .
. . . .
. . . .
. . . .

Si tu avais la possibilité de remettre en question les normes de beauté de la société, quel ensemble de caractéristiques définirais-tu, basé sur ta propre conception de la beauté, pour présenter une alternative à l'image actuelle ?

. . . .
. . . .
. . . .
. . . .
. . . .
. . . .
. . . .
. . . .
. . . .
. . . .
. . . .
. . . .

Qu'est-ce qui serait différent dans ta vie quotidienne avec une plus grande confiance en toi ?

. . . .
. . . .
. . . .
. . . .
. . . .
. . . .

À quoi ressemblerait ta vie si tu t'aimais vraiment ?

. . . .
. . . .
. . . .
. . . .
. . . .
. . . .
. . . .
. . . .
. . . .
. . . .
. . . .
. . . .
. . . .

Lettre à moi-même,

J'ai le droit de ....
....
....
....
....
....

Je mérite de ....
....
....
....
....
....

Je peux m'autoriser à ....
....
....
....
....
....

J'ai le pouvoir de ....
....
....
....

"Dès que je mange davantage, je panique"

Après une période de restriction alimentaire, il est normal de manger plus qu'auparavant lors de la période de réadaptation, car notre corps a besoin de plus d'énergie. Pour déterminer si nous avons mangé suffisamment ou non, nous ne devons jamais poser cette question à notre mental, car cela nous pousserait à négocier avec nous-mêmes et à nous déconnecter de nos besoins. Nous devons poser la question à notre corps et observer ce qui se passe à l'intérieur de nous, dans notre ventre. Lui seul peut fournir la réponse.

Si malgré tout, notre mental continue à s'imposer et que nos pensées hurlent et tournent en boucle pour nous ramener sur le terrain de la nourriture, du nombre de calories, de la comparaison avec ce que les autres ont mangé, ou du temps passé pour avaler son repas, il ne faut surtout pas paniquer ou s'en vouloir. Car c'est normal, ces pensées sont habituées à intervenir et elles veulent seulement reprendre les commandes de notre vie. C'est la peur de grossir qui se manifeste. Mais cette peur n'existe que dans notre tête, lorsque nous manquons de confiance en nous. Lorsqu'on s'entraîne à être conscient de ce qui se passe à l'intérieur de nous, dans notre corps, nous pouvons très vite changer nos pensées en changeant d'état interne pour passer du mode "survie" au mode "vie".

Rappelle-toi que tes pensées viennent de ton corps et que lorsqu'il est en insécurité, elles traduisent seulement les peurs qui sont imprimées en toi. Tes pensées ne disent pas la vérité lorsqu'elles traduisent ce que tu vis inconsciemment comme menaces dans ton corps. Si le fait de "manger" a été interprété comme dangereux par ton système nerveux, car tu l'as associé au fait de ne pas te sentir à ta place, de ne pas être assez bien, de te sentir nulle, triste, découragée, honteuse...tu peux aujourd'hui créer un nouveau message et te dire que manger est la chose la plus naturelle au monde pour répondre à la faim et te donner l'énergie nécessaire pour te sentir bien dans ton corps et dans ta tête.

Les comportements à éviter...

- Éviter de compenser après une crise : concentre-toi à la place sur la raison qui t'a poussé à agir. (restriction, stress, fatigue, besoin d'attention, d'amour, de respect...). **Rappelle-toi** que ton corps réagit toujours de façon négative aux comportements qui le mettent en insécurité. Essaie plutôt de te réconcilier avec lui pour qu'il se sente en sécurité afin d'obtenir de lui ce que tu veux vraiment, et pour cela pratique le **soupir du soulagement**. (celui qu'on nous interdisait de faire quand on était enfant pour manifester notre mécontentement. Il est en fait très utile pour faire baisser en intensité la charge émotionnelle)

- Comparer ce que tu manges avec ce que mange une autre personne. **Rappelle-toi** que chacun à ses propres besoins. C'est tout à fait normal de ne pas manger comme tout le monde (facteurs génétiques, métabolisme, activités physiques,...)

- Refuser un repas alors que tu as faim, car tu as peur de manger et de grossir. Ce mécanisme t'entraîne dans le cercle vicieux du trouble émotionnel. **Rappelle-toi** que cette privation met ton corps en alerte "insécurité" et entraîne du stress, des émotions négatives et des comportements compulsifs.

- Bannir certains aliments. Aucun aliment n'est interdit sauf bien sûr si tu es allergique ou intolérante. **Rappelle-toi** que cette interdiction joue contre toi, car le contrôle strict renforce les pertes de contrôle.

- Idéaliser l'image d'une personne mince : l'histoire que tu te racontes est peut-être très différente de la réalité. **Rappelle-toi** qu'une personne mince n'est pas forcément heureuse, elle est peut-être en train de se détruire et d'être profondément malheureuse.

"Je déteste la sensation de me sentir grosse. Je veux juste être parfaite, comme tout le monde."

-Hanna Marin-

"C'est difficile, tu sais, de se battre avec quelque chose dont tu as honte"

—Hanna Marin—

Se battre contre quelque chose dont on a honte est vraiment difficile. La honte est une émotion puissante qui peut nous faire sentir seuls, incompris, voire indignes d'amour et de soutien. Dans ces conditions, se battre devient hors de notre portée, car la honte emporte avec elle toute notre énergie et notre volonté disparaît. Nous nous sentons alors totalement impuissants.

Le sentiment de honte peut nous empêcher de demander de l'aide ou de partager nos luttes avec les autres, car nous craignons d'être jugés ou rejetés. Notre seul refuge est dans l'isolement, ce qui nous permet de cacher nos émotions. Cette bataille solitaire nous rend tristes et nous nous sentons perdus.

La honte peut également renforcer les pensées négatives sur nous-mêmes, alimentant un cercle vicieux de pensées destructrices et de sentiments d'impuissance. Conséquence, nous nous sentons pris au piège dans une boucle permanente, où la honte nous pousse à adopter des comportements autodestructeurs qui renforcent à leur tour la honte.

Rappelle-toi que reconnaître et exprimer cette honte est le premier pas vers la guérison. En acceptant et en partageant ce que tu vis avec les autres, tu peux commencer à alléger le poids de la honte. En comprenant qu'elle n'est pas une indication de ta valeur en tant que personne, mais simplement une émotion naturelle lorsque tu ressens une souffrance intense qui t'empêche de voir des solutions. Tu peux surmonter la honte en permettant à ton corps de retrouver suffisamment de sécurité interne pour reconstruire l'estime et la confiance en toi, indispensables pour retrouver l'énergie nécessaire pour affronter la véritable cause de ton mal-être, qui n'est pas la nourriture, mais ton insécurité.

"Si tu choisis de te battre pour guérir, tu ne le regretteras pas. C'est difficile, mais ça en vaut la peine"

Si notre rapport à la nourriture est aussi complexe, c'est qu'il dépend avant tout de ce qui a pu conditionner, dans le passé, ce que nous pensons aujourd'hui de nous-mêmes. Comprendre la relation à soi-même est un parcours long et difficile mais chaque pas en vaut la peine.

La décision de se battre pour guérir est un acte de courage et de résilience. On doit accepter que nos comportements alimentaires exercent un contrôle puissant sur notre vie et que parvenir à les changer prend du temps. On doit également accepter de porter un regard différent sur nos croyances et nos pensées, alors qu'elles sont parfois profondément enracinées. Mais chaque pas vers la compréhension de soi et chaque prise de conscience sont des victoires et des encouragements à continuer sur ce chemin de la réconciliation avec soi et avec la nourriture.

Rappelle-toi qu'aucune personne qui se libère d'une dépendance et guérit de troubles alimentaires ne regrette son combat. Sur ce chemin vers la liberté, les hauts et les bas font partie intégrante du processus. Dans ce parcours, tu ne dois surtout pas idéaliser la guérison, ce serait un piège. Tu dois au contraire te préparer à vivre des moments de découragement et de désespoir, mais ils ne doivent pas être interprétés comme des échecs, seulement comme des moments où tes blessures refont surface et que tout ton corps à travers ton système nerveux perçoit un grand danger. Tu te sentiras alors totalement impuissante et désespérée et c'est normal. Mais maintenant, tu sais que tu disposes de ressources pour apporter suffisamment de sécurité à ton corps afin de changer tes pensées et tes comportements.

"Le chemin de la survie à la vie"

"Tu n'as pas besoin de mériter de manger, manger est plus qu'un droit, c'est un besoin vital"

Notre corps a besoin d'aliments et de nutriments pour fonctionner correctement afin de nous maintenir en bonne santé et assurer notre bien-être physique et mental. Se priver de nourriture peut mettre notre santé et notre vie en danger. Alors, pourquoi fait-on un régime très restrictif entrainant des privations de nourriture ?

Pour comprendre ce mécanisme de pensée, il est essentiel de prendre conscience que dès l'enfance, nous associons ce que nous faisons de "bien" à une récompense et ce que nous faisons de "mal" à une punition. Ainsi, il est fréquent d'entendre des expressions comme "Qu'est-ce que j'ai fait pour mériter ça ?" Lorsque nous nous sentons mal. Nous cherchons toujours à expliquer les raisons de notre mal-être, car nous avons besoin de donner du sens à ce qui nous arrive. Comme quand nous étions enfants. De manière inconsciente, nous avons tendance à penser que le bonheur se mérite, comme une récompense. Donc, si nous considérons que la minceur fait partie des conditions du bonheur, alors être mince se mérite aussi. Voilà pourquoi, nous croyons que pour être mince et heureux, nous devons fournir des efforts, résister, nous priver et mériter de manger afin d'être récompensé par le fait d'être conforme aux normes sociales restrictives et culpabilisatrices.

Rappelle-toi que chacun doit pouvoir répondre à ses besoins alimentaires de manière autonome et équilibrée, sans avoir à mériter quoi que ce soit. Ton mal-être et tes troubles émotionnels sont le résultat de tes expériences passées, de tes états internes d'insécurité et de tes peurs. Tes schémas de pensées et de comportements automatiques ne cherchent qu'à répondre à cette souffrance. Il n'y a pas de punition. En te libérant de ce raisonnement basé sur le "mérite", tu pourras t'autoriser à reconnaître ta vraie valeur en toute sécurité, et te respecter sans te juger en permanence. Une fois que tu auras recréé ce lien avec toi-même, tu pourras établir une nouvelle relation apaisée avec la nourriture, sans l'associer à des critères de mérite qui créent de la honte et de la culpabilité.

Parfois, je me sens si seule dans tout ça.
Comme si personne ne pouvait comprendre ce que je traverse.
Même mes amis les plus proches ne voient que ce que je veux bien leur montrer."

"Maigrir, mais pas à n'importe quel prix"

Lorsqu'on veut maigrir à tout prix, généralement, on n'ignore pas totalement les risques pour la santé physique et mentale, mais on choisit de ne pas les reconnaître. L'obsession de la perte de poids prend le dessus. Lorsqu'on est prêt à tout pour obtenir un résultat, c'est le signe que la situation est devenue insupportable. Et, en aucun cas, il ne faut nier cette souffrance, car c'est elle qui est à l'origine de nos comportements.

Dans certains cas, maigrir peut sembler être la seule réponse possible. Toutefois, cette croyance peut être modifiée en trouvant une alternative. En découvrant un moyen différent pour se sentir mieux, autre que le refuge dans la nourriture réconfortante ou dans le contrôle et la restriction qui procurent l'illusion d'un apaisement, on pourrait réellement trouver une solution à notre mal-être. Cette nouvelle réponse pourrait résider dans la guérison de nos blessures et dans le développement de la confiance en soi.

Prendre conscience de tes peurs, qu'elles soient conscientes ou inconscientes, ainsi que de tes croyances limitantes, de ta valeur réelle, prendre soin de toi, et ne pas te juger à travers tes comportements, ton passé, ton poids ou ton apparence, et t'ouvrir à une définition plus large de la beauté et du bonheur sont d'autres voies pour te rapprocher de tes objectifs de vie et retrouver un poids de forme qui te convient.

Rappelle-toi que la perte de poids est le résultat d'une bonne relation avec toi-même dans la confiance, le respect et le plaisir, basée sur des habitudes de vie saines et satisfaisantes. Cela implique une alimentation répondant à tes propres besoins, des activités régulières pour prendre soin de toi en t'apportant de la joie, ainsi que des routines axées sur le bien-être physique et émotionnel. Si tu vois la perte de poids comme un objectif uniquement en lien avec la nourriture, tu vas continuer à détruire ta relation avec toi-même, par des privations, des excès, du contrôle, des pertes de contrôle, de la honte et de la culpabilité, sans jamais trouver le chemin de l'équilibre.

"Le chemin du poids bonheur"

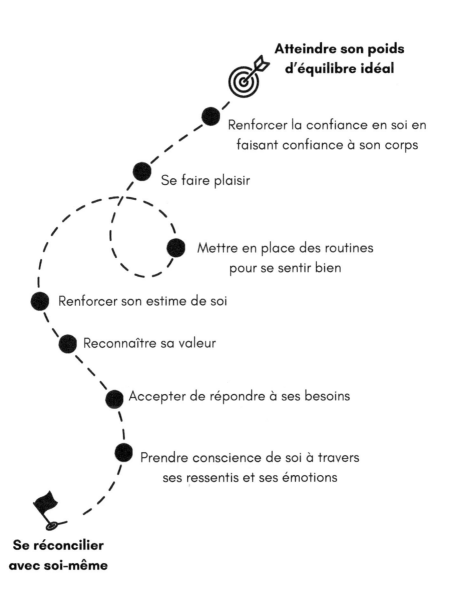

"Libère-toi du poids des mots"

Voici un exercice qui peut t'aider à te libérer des mots blessants que tu as pu entendre au cours de ta vie, notamment sur ton physique.

Prends quelques instants et écris tous les mots qui t'ont blessé et fait mal. Ceux qui ont résonné dans ta tête, parfois pendant des heures ou des jours. Qu'il s'agisse de commentaires désobligeants, de critiques injustes, ou même de mots très durs que tu t'es adressés à toi-même, inscris-les un par un, en prenant le temps de ressentir l'impact émotionnel qu'ils ont eu sur toi.

Lorsque tu es bien connectée à toutes ces émotions désagréables et douloureuses, prends cette page et décide de ce que tu veux en faire. Tu peux la déchirer en petits morceaux, la froisser, la brûler, ou même la jeter à la poubelle.

En te débarrassant de cette feuille, imagine que tu te libères du poids émotionnel de ces mots blessants : ils s'envolent et ne te touchent plus. Ressens le soulagement et la légèreté qui viennent avec chaque geste.

Une fois que tu as terminé, prends tout le temps qu'il te faut pour te recentrer sur toi-même et apprécier tes sensations de sérénité, de calme et de bien-être.

Rappelle-toi que tu mérites d'être aimée et respectée pour qui tu es vraiment.

Avoir des TC@ en couple, c'est...

Manger dès que son partenaire n'est pas là.

Avoir peur de perdre son partenaire à cause de son trouble.

Avoir besoin d'être constamment rassurée.

Mentir par peur d'être jugée.

Avoir honte de manger devant lui/elle.

Cacher nos moments de crise, en s'isolant pour ne pas déranger.

SE PRIVER DE FAIRE DES ACTIVITÉS (RESTAURANTS, WEEKENDS...), ET FAIRE CROIRE QU'ON N'EN A PAS ENVIE.

Se disputer à cause de nos comportements alimentaires, car il/elle ne comprend pas.

"Quand mes comportements alimentaires s'invitent dans mon couple"

Dans une relation amoureuse, la découverte que l'un des partenaires souffre d'un trouble du comportement alimentaire peut être déstabilisante. Mais avec beaucoup d'amour, de compassion et de compréhension, le couple peut surmonter ce défi ensemble.

Prendre le temps de comprendre soi-même les causes profondes de ses comportements, les symptômes et les traitements, est nécessaire avant d'en parler avec son partenaire afin qu'il se sente rassuré. Communiquer sur ses troubles permet à l'autre de se sentir utile et pris en compte. Il pourra aussi être un soutien et encourager son partenaire à parler afin que chacun puisse exprimer ce qu'il ressent sans se juger ni se critiquer.

Il est important de communiquer à l'autre tout ce qui ne nous aide pas afin qu'il sache ce que l'on attend de lui. Cela lui permettra de se sentir à sa place et plus confiant quant à ce qu'il pourrait faire pour nous aider. Par exemple, on peut lui expliquer que les observations sur son corps, sur son poids ou sur son alimentation ne nous aident pas à nous sentir mieux, car cela renforce le sentiment de culpabilité et d'impuissance. On peut aussi exprimer nos besoins réels, comme avoir besoin de soutien, de patience, de bienveillance, d'encouragements et d'une écoute attentive, sans aucun jugement. Enfin, on peut lui demander de participer ou même de prendre en charge l'élaboration des repas si cela aide à alléger le poids de la responsabilité vis-à-vis de choix encore difficiles afin de nous accompagner vers l'autonomie et la liberté.

Rappelle-toi que quelles que soient les difficultés rencontrées, la clé pour surmonter cette épreuve réside dans ta capacité à communiquer sereinement et calmement tes besoins et tes ressentis à ton partenaire, afin qu'il puisse te comprendre sans faire des suppositions qui pourraient nuire à votre relation. Dans le couple, chacun doit avoir conscience, que guérir sa relation à la nourriture prend du temps et peut parfois nécessiter l'intervention d'un professionnel spécialisé. Dans cette démarche, ton partenaire peut aussi t'aider.

Tu peux décider de couper les liens négatifs avec la nourriture (seulement les liens négatifs)

La technique des "bonshommes allumettes" de Jacques Martel est très simple : prends une feuille blanche, des crayons et une paire de ciseaux.

1 - Dessine un « bonhomme allumettes » qui te représente sur la partie gauche de la feuille (tête, yeux, nez, bouche, corps, bras, jambes).

2 - Écris en dessous ton prénom et l'initiale de ton nom de famille.

3 - Dessine un rectangle sur la partie droite dans lequel tu écris simplement le nom de cette situation, ici c'est la nourriture (verticalement, comme si c'était un personnage debout).

4 - Trace un cercle de lumière (comme un soleil) autour de ton bonhomme, cela symbolise ce que tu veux de mieux pour toi.

5 - Trace un cercle de lumière autour de la "situation" pour symboliser ce que tu veux de mieux pour ton alimentation.

6 - Trace un grand cercle autour des deux cercles (comme un soleil), pour symboliser ce qu'il y a de mieux pour votre relation.

7 - Trace ensuite des lignes d'attachement entre les deux s (sommet de la tête, entre les yeux, gorge, cœur, plexus, nombril et pubis).

8 - Avec des ciseaux, découpe la feuille au niveau des lignes d'attachement. Ensuite, débarrasse-toi des deux morceaux comme tu le souhaites. (Tu peux les jeter, les brûler...)

Tu peux utiliser cette méthode pour couper les liens négatifs avec une situation (situation en lien avec la nourriture, l'argent, l'amour, la fidélité...) ou avec des personnes avec qui tu entretiens une relation insatisfaisante, afin de couper les liens négatifs.

Exemple

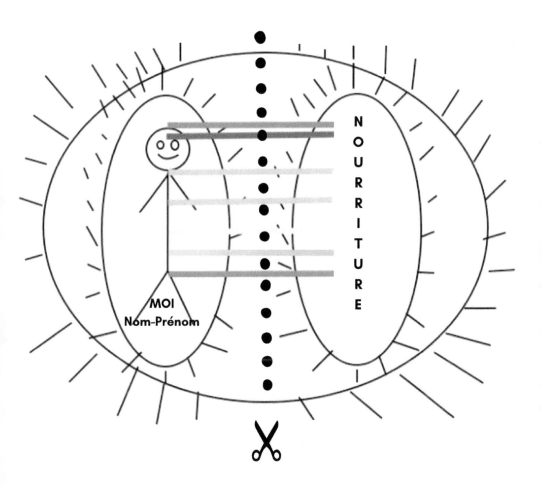

Je coupe mes liens négatifs avec la nourriture.

Ce que j'aurais aimé entendre bien avant...

Les TCa ne sont que les symptômes d'une maladie.
(dépression, anxiété, phobie...)

C'est le seul moyen que tu as trouvé
à un moment donné pour te sentir mieux.

Sois bienveillante envers toi-même et
ne te juge surtout pas.

Tu es très courageuse.

Tu as beaucoup de volonté.

Tu as peur et c'est normal,
mais tu vas y arriver.

Quelques conseils à suivre pour apprendre à t'aimer

Observe ton discours intérieur sans te juger.

Écoute ton corps et tes ressentis.

Apprends à apprécier tes défauts.

Autorise-toi à faire des erreurs.

Focalise-toi sur tes qualités.

Fais de ton mieux.

Prends soin de toi.

Fais la paix avec ton passé.

Prends du temps pour toi.

Cesse de te critiquer.

Arrête de vouloir être parfaite.

Chère Moi,

Je suis désolée d'avoir douté de toi,

Je n'avais pas encore pris conscience de ta valeur.

Je suis désolée de t'avoir fait mal.

Je ne savais pas que tu étais ma plus grande amie.

Maintenant, je sais que j'ai eu tort.

Tu es unique, puissante et courageuse.

Je suis prête à croire en toi pour avancer avec confiance.

Je sais que tu es enfin libre de t'aimer et d'être heureuse.

J'observe mes pensées quotidiennes

Comment décrire mes pensées en ce moment ?

....
....
....
....
....
....
....

En quoi ces pensées sont-elles les mêmes chaque jour ?

....
....
....
....
....
....
....

Si j'observe mes pensées et mes comportements, quel lien puis-je faire ?

....
....
....
....
....
....
....
....

Comment je m'y prends pour stopper mes pensées négatives ?

....
....
....
....
....
....
....
....

Qu'est-ce que je fais lorsque j'ai eu une journée difficile ?

. . . .
. . . .
. . . .
. . . .
. . . .
. . . .
. . . .
. . . .

Quels comportements pourraient me permettre de me sentir mieux de jour en jour ?

. . . .
. . . .
. . . .
. . . .
. . . .
. . . .
. . . .
. . . .

Quelle est la plus grande prise de conscience que j'ai faite récemment à propos de mes comportements ?

. . . .
. . . .
. . . .
. . . .
. . . .
. . . .
. . . .
. . . .

Quelle serait aujourd'hui ma plus grande victoire ?

. . . .
. . . .
. . . .
. . . .
. . . .
. . . .
. . . .
. . . .

En quoi mes pensées ont-elles un impact sur ma vie ?	**Quelles pensées pourraient être à l'origine de mon émotion principale ?**
Quelle est l'émotion qui est présente en moi lorsque j'ai des comportements compulsifs ?	**Quelle est ma réaction automatique la plus courante lorsque je me sens mal ?**

Quelles sont les conséquences de mes pensées sur mes comportements ?	Quelles sont les conséquences de mes émotions sur mes comportements ?
....	....
Y a-t-il des moments où ces pensées changent positivement ? Dans quelles situations ?	Que puis-je faire tous les jours pour prendre soin de moi et changer mes pensées ?
....	....

Qu'est-ce qui me procure de la joie ?	Comment puis-je intégrer plus souvent ces activités dans mes journées ?
. . . .	. . . .

Quelles activités me calment ?	Comment puis-je en faire une routine ?
. . . .	. . . .

Remplis ce petit mémo pour te souvenir de ce qui te fait du bien quand tes pensées négatives t'éloignent de tes besoins

Qu'est-ce que je peux faire pour mon bien-être corporel (yoga, sport, méditation, soin du corps...)

....
....
....
....
....
....

Qu'est-ce que je peux faire pour être mieux dans ma tête ? (lire, écrire, respirer consciemment en soupirant, appeler un ami, écrire des gratitudes..)

....
....
....
....
....
....

"Carnet de Gratitude"

Chaque jour, note un mot ou une courte phrase qui exprime ta gratitude pour un moment agréable de ta journée.

Cela peut concerner un compliment que tu as reçu, un moment de présence à toi-même et de lâcher-prise, une prise de conscience, un câlin avec un animal et bien plus encore.

EXERCICES DE YOGA : 7 minutes pour se détendre

5 min de méditation
en respirant calmement et
en portant son attention sur son corps

30 secondes

20 secondes

20 secondes

20 secondes

20 secondes

"30 jours pour retrouver confiance en toi"

Répète ces 5 petites phrases chaque matin pendant 30 jours.

1
Je suis unique et je crois en moi.

2
Je mérite d'être aimée telle que je suis.

3
J'ose manger sans me sentir coupable.

4
J'ai le droit de lâcher-prise.

5
Je peux me faire confiance.

Chère toi,

Ta douleur est légitime.

Ne la laisse pas te définir.

Tu es unique et précieuse.

Ne laisse personne te dévaloriser.

Détache-toi du regard des autres.

Tu es importante pour les gens qui t'aiment.

Crois-en-toi.

Prends conscience de ton parcours...

Quel est ton principal état émotionnel en ce moment ?

. . . .

. . . .

En quoi est-ce devenu plus facile pour toi d'accepter de vivre tes émotions ?

. . . .

. . . .

. . . .

. . . .

As-tu identifié la cause profonde de ton mal-être, à l'origine de tes comportements ?

. . . .

. . . .

. . . .

. . . .

. . . .

Quelles sont tes nouvelles pensées ?

. . . .

. . . .

. . . .

. . . .

. . . .

Quelles différences ressens-tu au niveau de ton énergie et de tes motivations ?

. . . .

. . . .

. . . .

. . . .

. . . .

. . . .

Quels sont les changements positifs que tu as remarqués dans ta vie depuis que tu as commencé ce travail sur toi ?

. . . .

. . . .

. . . .

. . . .

. . . .

En quoi as-tu atteint ton objectif de départ ?

. . . .

. . . .

. . . .

. . . .

. . . .

. . . .

. . . .

Est-ce que d'autres objectifs sont apparus en lisant ce livre ? Si oui, en quoi cela t'a aidé à mieux te comprendre ?

....
....
....
....
....
....

Que retiens-tu de ce livre ?

....
....
....
....
....

En quoi ce livre t'a-t-il aidé ?

....
....
....
....
....
....
....

Comment envisages-tu l'avenir à présent ?

Je tiens à te remercier pour ta confiance et ton engagement tout au long de ton parcours à travers ce livre. Il a été écrit dans l'intention de t'offrir un soutien bienveillant. N'hésite pas à continuer à t'en servir comme un outil d'aide et d'accompagnement dans les moments difficiles.

Je sais que le chemin peut te sembler long, mais souviens-toi que tu n'es pas seule.

J'espère que de belles choses t'arriveront, et quand elles se produiront, je souhaite que tu puisses croire que tu mérites chacune d'entre elles.

Printed in France by Amazon
Brétigny-sur-Orge, FR

20960936R00107